编 委 会

总策划　王　磊

总监制　马建国

总编辑　朱志刚

编委会成员

孙永鲁　周　瑛　徐博雅

全国县级融媒体中心传播力影响力调研报告

第一辑

新华社新闻信息中心　编著

人民出版社

序　言

2018 年 8 月，习近平总书记在全国宣传思想工作会议上指出，要扎实抓好县级融媒体中心建设，更好引导群众、服务群众。

同年 11 月 14 日，中央全面深化改革委员会第五次会议审议通过了《关于加强县级融媒体中心建设的意见》。《意见》指出，要深化机构、人事、财政、薪酬等方面改革，调整优化媒体布局，推进融合发展，不断提高县级媒体传播力、引导力、影响力。要坚持管建同步、管建并举，坚持正确的政治方向、舆论导向、价值取向，坚守社会责任，把社会效益放在首位。

近年来，县级融媒体中心建设在全国范围内迅速展开，并在顶层设计、模式探索等方面都取得了扎扎实实的进展，全国各地县级融媒体中心积极探索建设成为主流舆论阵地、综合服务平台、社区信息枢纽。在"脱贫攻坚""庆祝中国共产党成立 100 周年""抗击新冠疫情""北京冬奥会""喜迎党的二十大""非凡十年建设成就"等一系列重大主题报道中，涌现出一批具有广泛传播力和影响力的典型融媒体作品。

为推动媒体融合领域中国式现代化经验的探索，进一步充分研究各地县级融媒体建设和传播能力的现状，总结县级融媒体中心建设的经验、探索媒体融合发展的规律，新华社新闻信息中心从

2022 年开始联合相关高校学术研究团队，开展了"全国县级融媒体中心传播力影响力"调研课题，该课题是落实新华社社党组决策部署开展的一项重大科研任务，旨在通过构建科学的指标体系，挖掘县级融媒体中心典型事例，深度服务县级融媒体中心建强用好，助推基层主流舆论阵地发挥作用。

调研始终坚持党性原则，牢牢坚持马克思主义新闻观，牢牢坚持正确舆论导向，并且在项目中始终坚持公益性、客观性、专业性和持续性这四个原则。

公益性是指调研目的旨在了解全国各县级融媒体中心的情况，促进县级融媒体建设、县域经济发展和融媒体探索。调研服务于融媒体发展的大局，不受任何商业或其他非公益性因素的干扰。

客观性是指调研的数据和结论必须真实、准确、全面、客观。在调研过程中，课题组坚持采用科学的方法、严谨的态度和严格的程序，确保数据的可信度和可靠性。调研工作为了避免对基层造成不必要的额外工作，采取尽量"不打扰"的方式，坚持以大数据监测为底层逻辑，客观地采集了全国 31 个省份的 114 家典型县级融媒体中心在人民日报社、新华社、中央广播电视总台、光明日报社、经济日报社等 18 家中央主流媒体转载的稿件，以及在新浪微博、微信公众号、抖音和快手等主流商业融媒体传播平台的数据。通过数据分析，梳理114家典型县级融媒体中心发展建设特点，分析全国县级融媒体中心整体建设及发展情况，并对传播能力建设和发展中存在短板和不足进行研究。

专业性是指新闻信息中心专门组建专家委员会，聘请媒体融合领域资深专家学者为指标体系提供专业指导。通过抓取、分析、评估各账号运营数据，客观呈现县级融媒体中心内容传播特点，评价其传播力和影响力。调研首创了综合影响力、主题报道、互动传播、爆款创作、央地联动的"1+4"量化研究体系。

持续性是指本调研中将"持续性"作为调研的保障原则，调研不能一劳永逸，需要持续进行，不断跟踪县级融媒体的发展变化。本课题研究紧跟媒体融合发展趋势，对评价手段、研究方法进行动态调整优化，逐步深化对县级融媒体优秀事例，特别是管理与平台创新方面的挖掘、调研，加大对县级融媒体中心自有客户端的扶持力度。

本调研以季度为发布周期发布季度调研报告，并于次年初发布年度调研报告。季度发布内容参考每一季度的数据情况形成《全国县级融媒体中心传播力影响力季度调研报告》（涵盖《全国县级融媒体中心典型事例》《全国县级融媒体中心新媒体平台佳作》），年度发布内容参考全年数据情况形成《全国县级融媒体中心传播力影响力年度调研报告》。

本书汇总整合了《全国县级融媒体中心传播力影响力年度调研报告（2022 年度）》和《全国县级融媒体中心传播力影响力季度调研报告（2022 年第一季度至 2023 年第一季度）》，是"全国县级融媒体中心传播力影响力"调研课题的阶段性成果，旨在通过构建科学的指标体系，挖掘县级融媒体中心典型事例，深度服务县级融媒体中心建强用好，助推基层主流舆论阵地发挥作用。

同时，本书盘点县级融媒体中心传播力影响力成果，以期辐射和带动区域内其他县级融媒体中心的建设，发挥示范引领作用，开启媒体深度融合新征程，进一步推动媒体融合工作向纵深发展。

新华社新闻信息中心主任

2023 年 11 月

┃ 目　　录

第一章

全国县级融媒体中心
传播力影响力年度调研报告

一、概述

2018年8月，习近平总书记在全国宣传思想工作会议上指出，要扎实抓好县级融媒体中心建设，更好引导群众、服务群众。在中宣部的领导和部署下，推动媒体深度融合发展的新进程开启，全国各地县级融媒体中心积极探索建设成为"主流舆论阵地、综合服务平台和社区信息枢纽"。在"脱贫攻坚""庆祝中国共产党成立100周年""抗击新冠疫情""北京冬奥会""喜迎党的二十大""非凡十年建设成就"等一系列重大主题报道中，涌现出一批具有广泛传播力和影响力的典型融媒体作品。

为全面贯彻落实党的二十大精神，积极响应党中央在全党大兴调查研究的号召，聚力破解媒体融合和改革发展难题，推动媒体融合领域中国式现代化经验的探索，进一步充分研究各地县级融媒体建设和传播能力的现状，总结县级融媒体中心建设的经验、探索媒体融合发展的规律，新华社新闻信息中心从2022年开始联合相关高校学术研究团队，开展了"全国县级融媒体中心传播力影响力调查研究"的课题。该课题是落实新华社社党组决策部署开展的一项重大科研任务，旨在通过构建科学的指标体系，挖掘县级融媒体中心典型事例，深度服务县级融媒体中心建强用好，助推基层主流舆论阵地发挥作用。

调研始终坚持实事求是原则，牢牢坚持马克思主义新闻观，牢牢坚持正确舆论导向，并且在项目中始终坚持"公益性""客观性""专业性"和"持续性"四个原则。

调研根据中央关于县级融媒体建设运营的相关要求和目前主流指标体系涵盖内容，县级融媒体中心综合影响力评估指标体系涵盖县级融媒体中心互动传播、爆款创作、主题报道和央地联动4大方面的相关内容。调研盘点县级融媒体中心传播力影响力成果，以期辐射和带动区域内其他县级融媒体中心的建设，发挥示范引领作用，开启媒体深度融合新征程，进一步推动媒体融合工作向纵深发展。

2022年，课题组完成《全国县级融媒体中心传播力影响力年度调研报告（2022年度）》。该报告汇总了2022年1月1日至12月31日全国31个省份的114家典型县级融媒体中心在新浪微博、微信公众号、抖音以及快手等主流商业融媒体传播平台以及在人民日报社、新华社、中央广播电视总台、光明日报社、经济日报社等18家中央主流媒体转载的稿件。

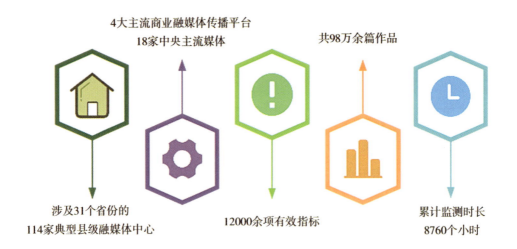

4大主流商业融媒体传播平台
18家中央主流媒体

共98万余篇作品

涉及31个省份的
114家典型县级融媒体中心

12000余项有效指标

累计监测时长
8760个小时

图 1　2022 年全国县级融媒体中心年度指数监测概况

二、全国县融中心综合传播概况

1. 2022 年传播力数据盘点

2022 年全国县级融媒体中心调查研究年度指数的数据采集时间段是 2022 年 1 月 1 日至 12 月 31 日，共涉及 31 个省份的 114 家典型县级融媒体中心在新浪微博、微信公众号、抖音以及快手等主流商业融媒体传播平台发布的作品，以及被人民日报社、新华社、中央广播电视总台、光明日报社、经济日报社等 18 家中央主流媒体转载的稿件。累计监测时长 8760 个小时。

从统计结果上看，2022 年 1 月 1 日至 12 月 31 日，调查研究监测范围内全国 31 个省份的 114 家典型县级融媒体中心在新浪微博、微信公众号、抖音、快手平台共发布 98 万余篇作品，共 22403 篇爆款内容，其中产出 12784 篇主题报道，微信公众号平台共产出阅读量超过 10 万的作品 2408 篇；共有 2759 篇内容与中央主流媒体、"学习强国"学习平台等产生联动。

（1）合计发稿量近百万，互动量达 10 亿

目前，我国各县级融媒体中心的传播矩阵日臻完善，截至 2022 年 12 月，监测范围内的 114 家典型县级融媒体中心有 61 家在新浪微博、微信公众号、抖音以及快手平台均开办了账号，占比超过 50%。

从发布数量来看，2022 年 1 月 1 日至 12 月 31 日，全国县级融媒体中心在四大平台共发布作品 98 万余篇。如图 2 所示，新浪微博内容 40 万余篇，占整体发布量的四成以上，成为发布数量最大的平台；微信公众号内容 29 万余篇、抖音平台短视频内容 19 万余条、快手平台短视频内容 8 万余条。

从数据以及图 2 中可以看出，各县级融媒体中心在新浪微博平

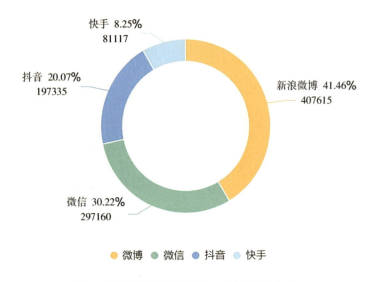

全国114家典型县级融媒体中心各平台发布数量

单位：篇／条

快手 8.25%
81117

抖音 20.07%
197335

新浪微博 41.46%
407615

微信 30.22%
297160

● 微博　● 微信　● 抖音　● 快手

图 2　县级融媒体中心各平台内容产出数量占比

台的发稿量最多，这与微博自身平台特点与创作成本有关。微博内容大多精简短小，各县级融媒体中心在微博平台的创作门槛较低，编辑成本较小，因此在新浪微博平台的发稿量最为突出。相对而言，抖音和快手两大短视频平台的内容产出量与新浪微博和微信公众号存在一定差距。

纵向来看，2022 年 1 月 1 日至 12 月 31 日，各县级融媒体中心的各平台运营力度整体而言较为平稳。新浪微博平台的产出情况虽存在一定起伏，但整体一直保持着较为突出的产出优势。

2022 年全年，甘肃省陇西县、甘肃省秦安县、云南省弥勒市、上海市浦东新区位列各县融发稿总量的前四名，四个区县的发稿总数均超过 3 万，展现了较为突出的运营投入优势。就省份来看，甘肃省、上海市和云南省位列发稿量的前列。

就互动表现来看，监测范围内的县级融媒体中心在四大平台的合计互动总量达 10 亿，其中抖音平台展现了较为突出的互动能力，全年转发、评论以及点赞等互动总量达 7.7 亿，展现了其在引发受众互动方面的较大优势。

2022 年全年，江苏省江阴市、云南省弥勒市、云南省文山市、浙江省义乌市、河南省项城市五个区县的互动总量均超过 6000 万，互动表现十分亮眼。就省份来看，2022 年全年，云南省、江苏省、浙江省分别位列互动量前列。

（2）爆款产出总量超过 2 万，微信公众号平台表现亮眼

2022 年，监测范围内有 111 家县级融媒体中心实现了爆款作品的产出，110 家县级融媒体中心实现了主题报道的产出，这是各县级融媒体中心优质内容产出实力与潜力的重要体现。

就平台来看，如图 3 所示，2022 年 1 月 1 日至 12 月 31 日，各县级融媒体中心在微信公众号平台共产出爆款作品 10063 篇，占合计爆款总量的四成以上，其中共产出主题报道作品 9381 篇，为产出爆款作品和主题报道内容最多的平台。此外，抖音平台共产出爆款作品 4824 条，其中共产出主题报道内容 1127 条；快手平台共

全国114家典型县级融媒体中心各平台爆款作品与主题报道产出数量

单位：篇／条

图3　县级融媒体中心在各平台爆款作品与主题报道产出数量

产出爆款作品 6598 条，其中共产出主题报道内容 2031 条。值得关注的是，新浪微博平台虽为发稿量最为突出的平台，但各县级融媒体中心于新浪微博平台产出爆款作品仅 918 篇，主题报道内容 245 条，优质内容的产出比例过低。新浪微博较强交互性、融合性的平台优势未被充分利用挖掘。

就平台来看，如图 4 所示，2022 年 1 月 1 日至 12 月 31 日，各县级融媒体中心在微信公众号平台共产出阅读量超过 10 万的作品 2408 篇，其中第二季度与第四季度产出数量成为高峰，这与第二季度全国范围内疫情发生以及第四季度党的二十大召开、疫情防控政策变动相关。微信公众号简洁直观的传播优势，使其成为重要信息传播的重要平台，也使其成为爆款作品产出的重要

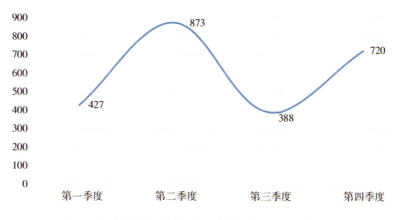

图 4　县级融媒体中心微信公众号产出阅读量 10 万 + 数量季度变化

渠道。

2022 年全年，云南省弥勒市、上海市浦东新区、江苏省江阴市位列各县级融媒体中心爆款产出总量的前三名，三个区县产出的爆款总数均超过 1000 条；上海市浦东新区、福建省晋江市、江苏省江阴市位列各县级融媒体中心主题报道产出总量的前三名，三个区县产出的主题报道作品总数均超过 500 条，展现了县级融媒体中心较强的基层主流舆论引导能力。

纵向来看，如图 5 所示，四个季度各县级融媒体中心在各平台的产出爆款数量和主题报道数量稳中有升，且在第二季度和第四季度上升明显。2022 年第二季度，各融媒体中心的爆款作品紧追时事热点，呈现形式丰富多样，以抗疫进展、区县基建、正能量人物与事迹等内容为主；2022 年第四季度，各县级融媒体中心围绕党的二十大、非凡十年的成就变革等重要主题进行主题报道内容创作，通过图文、短视频等方式传递党和国家的重要决策部署、中心工作等重要信息，不断丰富主题报道的形式、内容，获

图 5　各县级融媒体中心产出爆款数量和主题报道数量季度变化

得了广泛关注,充分发挥出县级融媒体中心围绕中心、服务大局的职责担当。

(3)央地联动近 3000 篇,内容聚焦地区发展

2022 年 1 月 1 日至 12 月 31 日,监测范围内有 102 家县级融媒体中心发布的共 2759 篇内容实现央地联动,覆盖率达到了89%。

海南省文昌市所发布的稿件被央媒采用超过 300 篇,位居 114家典型县级融媒体中心榜首。位于第二名、第三名和第四名的分别是山东省寿光市、重庆市江津区、广东省广州市增城区,其被央媒采用的篇目数均超过 200 篇。

由图 6 可以看出,第二季度与央媒联动的密切程度显著提升,共计 900 篇。各融媒体中心与央媒产生联动的报道内容紧密围绕各区县社会发展重点与社会关注热点,包括各地政务服务、乡村振兴、文明实践、自然风光等。呈现形式以图文报道为主,但与央媒联合生产的短视频内容也占一定比重。如海南省文昌市融媒

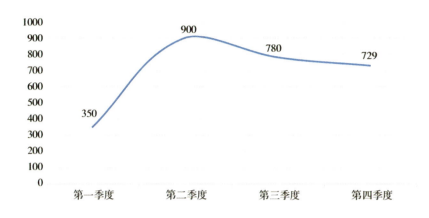

图6　各县级融媒体中心与央媒产生联动篇目数季度变化

体中心作品《文昌发射测试站举行天舟四号暨空间站建造任务誓师动员大会》《文昌：建好"美丽农村路" 铺就乡村振兴"快车道"》；山东省寿光市融媒体中心作品《牢记嘱托走在前 勇担使命开新局 全力打好现代水网建设开局之战》《山东手造 潍有尚品丨传承老工艺 匠心酿美酒》等，对寿光未来城市发展建设和本地特色手工艺品起到良好的推介作用；河北省涿州市融媒体中心在新华社"千城百县看中国"栏目表现良好，稿件内容聚焦当地农业发展动态，弘扬当地传统文化，如《千城百县看中国丨河北涿州：水稻插秧正当时》《千城百县看中国丨千年古邑 河北涿州》等，充分展现了涿州市农业发展与历史底蕴兼具的地区特点，展示了当地风采。

2. 2022 年综合影响力量化指标年度统计

序号	省份	区县	综合影响力量化指标	序号	省份	区县	综合影响力量化指标
1	江苏省	江阴市	5031.84	15	江西省	南丰县	1911.90
2	上海市	浦东新区	4804.48	16	新疆维吾尔自治区	莎车县	1809.01
3	云南省	弥勒市	3640.58	17	云南省	澄江市	1783.37
4	云南省	文山市	2960.30	18	山东省	五莲县	1619.80
5	浙江省	义乌市	2903.73	19	河南省	项城市	1617.58
6	甘肃省	酒泉市肃州区	2795.11	20	海南省	文昌市	1497.95
7	甘肃省	秦安县	2590.55	21	上海市	普陀区	1475.64
8	福建省	晋江市	2521.63	22	山东省	寿光市	1444.42
9	上海市	松江区	2161.48	23	北京市	海淀区	1397.65
10	江苏省	沭阳县	2023.87	24	北京市	大兴区	1339.60
11	广东省	广州市番禺区	1983.75	25	甘肃省	陇西县	1330.35
12	江苏省	昆山市	1968.58	26	广东省	广州市增城区	1320.60
13	浙江省	海宁市	1960.28	27	福建省	宁德市蕉城区	1299.71
14	天津市	西青区	1917.32	28	江苏省	常熟市	1285.82

续表

序号	省份	区县	综合影响力量化指标	序号	省份	区县	综合影响力量化指标
29	浙江省	杭州市余杭区	1212.45	43	重庆市	永川区	859.23
30	上海市	青浦区	1193.23	44	安徽省	来安县	784.04
31	四川省	成都市高新区	1173.55	45	河北省	枣强县	773.70
32	重庆市	江津区	1127.89	46	黑龙江省	铁力市	761.19
33	贵州省	毕节市七星关区	1126.52	47	陕西省	洛川县	758.00
34	浙江省	永康市	1081.62	48	云南省	宣威市	752.90
35	甘肃省	环县	1079.55	49	新疆维吾尔自治区	疏勒县	717.78
36	湖南省	浏阳市	1053.04	50	河北省	涿州市	709.49
37	天津市	静海区	1037.81	51	浙江省	湖州市吴兴区	677.75
38	天津市	南开区	1012.06	52	江西省	瑞金市	672.71
39	四川省	成都市双流区	1002.13	53	甘肃省	平凉市崆峒区	662.48
40	福建省	厦门市海沧区	977.72	54	新疆维吾尔自治区	乌苏市	647.21
41	内蒙古自治区	鄂尔多斯市东胜区	913.99	55	福建省	福鼎市	640.87
42	内蒙古自治区	鄂尔多斯市伊金霍洛旗	867.83	56	江苏省	张家港市	630.97

续表

序号	省份	区县	综合影响力量化指标	序号	省份	区县	综合影响力量化指标
57	湖北省	南漳县	611.36	69	广东省	广州市黄埔区	474.41
58	吉林省	梅河口市	610.50	70	山东省	济南市章丘区	470.17
59	云南省	景洪市	599.04	71	海南省	琼海市	457.74
60	内蒙古自治区	通辽市奈曼旗	592.52	72	山东省	临沂市河东区	454.65
61	青海省	乌兰县	587.07	73	贵州省	瓮安县	436.55
62	黑龙江省	宝清县	572.42	74	河北省	玉田县	431.26
63	海南省	定安县	546.88	75	广西壮族自治区	平南县	425.04
64	北京市	朝阳区	527.44	76	山东省	邹平市	420.84
65	宁夏回族自治区	银川市兴庆区	515.43	77	黑龙江省	五常市	407.00
66	新疆维吾尔自治区	沙雅县	504.56	78	宁夏回族自治区	灵武市	405.72
67	河南省	禹州市	493.10	79	辽宁省	康平县	402.74
68	吉林省	珲春市	488.89	80	湖北省	枝江市	371.26

续表

序号	省份	区县	综合影响力量化指标	序号	省份	区县	综合影响力量化指标
81	广东省	深圳市龙岗区	360.51	94	广西壮族自治区	南丹县	252.44
82	青海省	大通县	343.35	95	海南省	儋州市	247.60
83	广西壮族自治区	上思县	337.58	96	山西省	岚县	236.22
84	北京市	东城区	332.64	97	四川省	眉山市东坡区	234.25
85	西藏自治区	阿里地区噶尔县	322.42	98	西藏自治区	山南市乃东区	228.29
86	海南省	澄迈县	319.93	99	广西壮族自治区	荔浦市	227.10
87	贵州省	盘州市	307.17	100	河北省	正定县	218.37
88	四川省	峨眉山市	304.31	101	海南省	东方市	212.34
89	重庆市	铜梁区	276.19	102	江西省	萍乡市湘东区	197.20
90	重庆市	綦江区	269.05	103	海南省	三亚市	190.40
91	河南省	登封市	262.39	104	河南省	汝州市	189.84
92	安徽省	枞阳县	261.52	105	安徽省	霍山县	186.58
93	山西省	沁源县	254.87	106	河北省	香河县	185.21

续表

序号	省份	区县	综合影响力量化指标	序号	省份	区县	综合影响力量化指标
107	陕西省	西乡县	180.03	111	湖南省	湘乡市	128.55
108	海南省	万宁市	165.75	112	湖南省	衡阳县	123.38
109	辽宁省	北票市	147.45	113	贵州省	石阡县	50.39
110	湖北省	竹山县	139.39	114	河北省	新河县	49.61

（1）综合影响力量化指标统计概况

全国县级融媒体中心"综合影响力"指标是龙头，评价标准为县级融媒体中心平台账号开设及运营情况。通过抓取、分析、评估各账号运营数据，指标体系涵盖县级融媒体中心互动传播、爆款创作、主题报道和央地联动4大方面的相关内容，客观呈现县级融媒体中心内容传播特点，评价其传播力和影响力。

调研结果表示，江苏省江阴市、上海市浦东新区、云南省弥勒市、云南省文山市、浙江省义乌市、甘肃省酒泉市肃州区、甘肃省秦安县、福建省晋江市、上海市松江区、江苏省沭阳县在综合传播力影响力表现中名列前茅，综合量化指标统计均超过2000，展现了较强的融媒体传播优势。

甘肃省、海南省、江苏省、山东省、云南省与浙江省分别有5

综合传播力指数

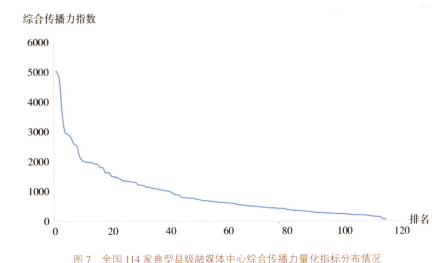

图7 全国114家典型县级融媒体中心综合传播力量化指标分布情况

家县级融媒体中心入选全国114家典型县级融媒体中心监测范围，北京市、重庆市、福建省、广东省、广西壮族自治区、河北省、上海市、四川省以及新疆维吾尔自治区分别有4家县级融媒体中心入选全国114家典型县级融媒体中心监测范围。

就量化指标情况来看，全国114家典型县级融媒体中心综合影响力指数排行呈现头部少、中尾部较多的特点，头部中心优势明显，与中尾部中心存在较大差距。从综合传播力指数分布情况图可以看出，全国114家典型县级融媒体中心综合影响力量化指标存在较为明显的长尾现象，综合传播力存在发展状态不均衡的问题。

（2）典型事例具体分析

就量化指标统计来看，2022年，江苏省江阴市的综合表现出众，该中心所运营的微博账号"最江阴"、微信账号"最江阴"、抖音账号"最江阴评论部"不仅均维持了稳定的发稿力度，更以爆款内容生产和核心报道创作方面的优质表现形成了突出的传播优势；

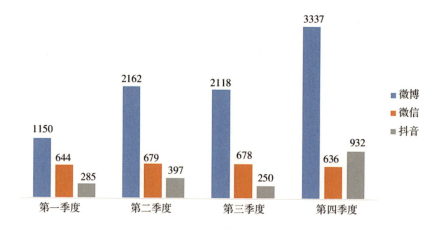

图8　江苏省江阴市融媒体中心各平台季度发布情况

上海市浦东新区和云南省弥勒市在综合影响力量化指标统计中名列前茅，较好的互动表现凸显了其在建立受众参与度与好感度上具备较强优势。

江苏省江阴市融媒体中心年度发稿量达到7100余篇，爆款稿件达1270篇，互动总量超1.14亿。其中，微博发稿量逐季度上升，在第四季度达到3337篇；微信公众号每季度发稿量保持稳定水平，均维持在650篇左右；抖音账号短视频创作水平持续上升，在第四季度最为明显，创作出近千篇短视频稿件。

江阴市融媒体中心紧抓短视频风口带来的时代机遇，重视短视频平台的内容创作和运营。抖音账号"最江阴评论部"发挥传统媒体内容制作优势，利用主持人的形象，结合新媒体平台的传播优势，对"重庆山火""河南赋红码""四川地震"等新闻热点内容进行理性、客观的评论，帮助受众理清各类事件脉络，积极进行舆论引导。该账号关注的内容侧重于社会热点，对当下正在发生的、议论度高的事情进行及时回应。如11月29日发布《核酸造假国家将

图 9　江苏省江阴市融媒体中心抖音账号"最江阴评论部"代表作品截图

严肃处理！#官方回应是否重新考虑疫情政策 #严肃处理出具虚假核酸报告机构》，在国务院召开新闻发布会当日即对核酸造假问题进行分析、点评，通过对发布会消息的清晰梳理，配合主持人的冷静表达，以及背景音乐、字幕等氛围营造，获得近 200 万点赞量；微信公众号"最江阴"全年阅读量 10W+ 推送约 200 篇，该公众号内容贴合受众阅读偏好，及时发布疫情防控、重要通告等信息，引导群众、服务群众，坚实履行县级融媒体中心的职责任务。

上海市浦东新区融媒体中心 2022 年四季度均稳定发挥，坚持多平台同步发力运营，微博、微信、抖音平台均有不俗表现。该融媒体中心全年发稿量 3 万余篇，持续深耕优质内容，全年爆款内容达 1270 条，主题报道超 1000 条。全年中有三个季度微博发稿量维持在 4000 篇以上。微信公众号季度发稿量稳定在 1600 篇以上，第三季度发稿量超 2000 篇。抖音短视频稿件创作量在第四季度略有下降，其他季度均保持在 1000 篇以上。

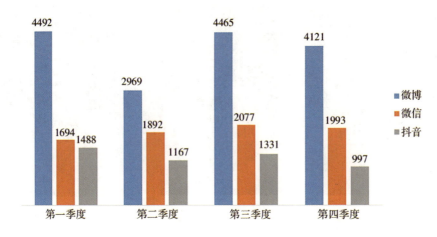

图 10　上海市浦东新区融媒体中心各平台季度发布情况

　　微信公众号"浦东发布"发布阅读量 10W+ 内容近 260 篇，创作出"直击引领区""百姓话思想""非凡十年·奋进浦东"等重要主题内容，形成系列推文专栏，精准聚焦浦东发展变化，营造主题宣传氛围。如 10 月 8 日发布《【非凡十年·奋进浦东】浦东三级医院数量不断增多，还有一批正在建设，全力为市民提供更好服务》，从小视角切入，呈现非凡十年中浦东的便民服务发展；此外，该公众号也积极关注基础设施建设、疫情防控等信息，在上海疫情期间传递抗疫信心，充分发挥信息服务作用。微博账号"浦东发布"重视与受众互动，利用微博平台的提问功能，积极进行生活常识、地方方言等知识普及，引发微博受众积极互动。

　　云南省弥勒市融媒体中心全年发稿近 3.7 万篇，合计产出爆款内容超 1600 篇。三、四季度微博平台发稿量明显上升，第四季度微博发稿量为第一季度微博发稿量的 5 倍左右，超 3700 篇。其他平台发稿量稳定，起伏变动不大。

图 11　上海市浦东新区融媒体中心微信公众号"浦东发布"代表作品截图

　　云南省弥勒市融媒体中心深入挖掘受众感兴趣的话题领域，深耕本地优质内容，追踪社会热点内容，多平台均衡发力，创作出大量深受受众关注的稿件。微博账号"弥勒市融媒体中心"重点推介弥勒风土人情、农业发展等内容。如 10 月 23 日发布《# 共同富裕 # 先富帮后富，这个"山城结合"就是好》，采用图文并茂的方式，

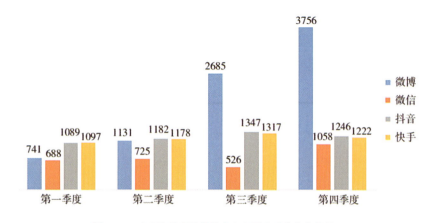

图 12　云南省弥勒市融媒体中心各平台季度发布情况

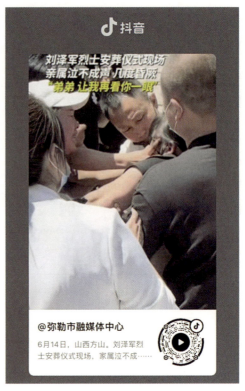

#共同富裕#先富帮后富，这个"山城结合"就是好

作者：弥勒市融媒体中心、树龙 2022-10-23 阅读 62412

"为破解城乡差距，实现共同富裕，弥阳街道通过'支部联运、思想带动、产业拉动'，以先富带后富，先进帮后进等方式，破解山区村产业发展短板，基础设施薄弱，致富能力不足等突出问题，以'山城结合'乡村振兴帮扶机制促辖区内各村抱团同发展、共同奔富路。"红河哈尼族彝族自治州弥勒市弥阳街道党工委书记李德成说。

图 13　云南省弥勒市融媒体中心代表作品截图

介绍弥阳街道以"山城结合"乡村振兴帮扶机制，促进辖区内多村抱团同发展、奔富路的经验，阅读量超 13 万。短视频平台是弥勒市融媒体中心的爆款内容聚集地，其短视频内容面向全国各地新闻热点，对热榜内容及时进行二次创作，利用"流量法则"扩大传播范围，提升账号影响力。如抖音账号"弥勒市融媒体中心"6 月 14 日发布《6 月 14 日，山西方山。刘泽军烈士安葬仪式现场，家属泣不成声，几度昏厥。"弟弟，让我再看你一眼"#泪目#向英雄致敬#感人一幕》，聚焦时下热点事件，附加相关话题标签，获点赞量 30 余万。

　　云南省文山市融媒体中心全年各方面表现稳定，总发稿量达

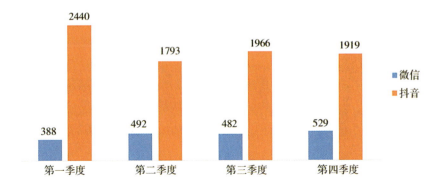

图 14　云南省文山市融媒体中心各平台季度发布情况

1.6 万余篇，四季度两平台发稿量变化不大，运营投入与优质内容产出均有较好表现。

该融媒体中心擅长运营短视频平台内容，利用短视频易产生互动的特点，制作出大量高互动量作品。如抖音账号"非常文山"4月 21 日发布《4 月 20 日南昌，工作人员持喇叭喊话。做完核酸检测后，请迅速离开，不要逗留，"你赶紧走我就谢谢你了"。# 愿疫情早日退散 # 热点小助手》，借助当下热度歌曲，结合工作人员的幽默喊话，缓解疫情防控的紧张气氛，也呼吁民众理解防疫人员的工作，获点赞量近 46 万。微信公众号"非常文山"在宣传党和国家的大政方针、政策精神方面积极探索新路径，开设"二十大时光"专栏，宣传报道文山市非凡十年的建设变化、党的二十大代表风采，解读党的二十大报告，帮助受众深刻领悟党的二十大内容、学习党的二十大精神。如 10 月 17 日发布《文山亮相天安门，献礼二十大!》展示文山的自然风光和人文风采，10 月 20 日发布《这组老照片，带你"穿"回十年前的文山!》用影像对比的方式直观

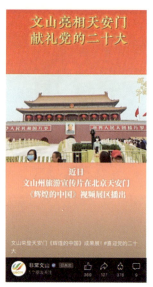

图 15 云南省文山市融媒体中心代表作品截图

呈现文山的十年变化。

浙江省义乌市融媒体中心在 2022 年第一、二季度集中发力，三、四季度发挥明显突出，全年总发稿量近 1.4 万篇，仅 12 月份抖音平台爆款就超过 300 条。全年微博、微信公众号发稿量相对稳

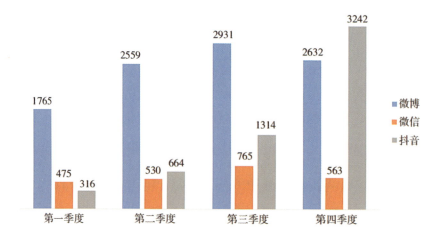

图 16 浙江省义乌市融媒体中心各平台季度发布情况

图 17　浙江省义乌市融媒体中心代表作品截图

定，抖音平台发稿量明显上升，第四季度发稿量超 3000 篇，该融媒体中心短视频内容创作力提升明显。

微信公众号"爱义乌"擅长制作主题报道，内容涉及城市建设、疫情防控、就业招聘、天气预报等民生信息，紧密围绕义乌市和国家层面的大事、要事，创作出"义乌市场 40 年""新时代　新征程　新伟业""领航中国""2022 年世界互联网大会乌镇峰会"等专题栏目，形成系列推文，进行重点报道。短视频平台是义乌市融媒体中心发挥内容创作优势的另一场域，抖音账号"爱义乌"全年产出爆款内容近 580 条，内容涵盖面广，包含好人好事、本地新闻、通知公告等。如 11 月 20 日发布《阿尔茨海默病的爸爸起床气严重，儿子灵机一动，拿奶酪棒一哄就好了 # 好温馨的画面 # 生命中最重要的人 # 老人家太可爱了》记录儿子照顾身患阿尔兹海默病父亲的温馨画面，展现了中华传统的孝文化，获点赞量近 40 万。

三、全国县融中心综合传播特点

1. 立足主流舆论高地，坚持正确舆论导向

县级融媒体中心是传递主流舆论声音的重要力量，其在宣传报道中必须时刻坚持正确舆论导向。就全国县级融媒体中心 2022 年的综合传播表现来看，当前我国县级融媒体中心在发展建设中始终紧密关注时代发展潮流，积极传递正能量，传递中华民族优秀文化精髓和先进社会主义文化，讲好中国故事，讲好中国人民的故事，讲好各地群众的生动事例，推动形成全民参与、共同分享、共建共享的良好社会氛围。

第一，围绕中心，服务大局，做好重大主题报道。2022 年，各县级融媒体中心在融媒体建设发展的过程中坚持围绕中心，服务大局，促进发展，发挥主流媒体职能，坚守党的意识形态前沿阵地。2022 年，党的二十大报道是重大时政主题报道，各县级融媒体中心把准主基调，紧扣主题主线，深耕地方特色，精心策划，推出了一批立意高、创意足、形式新、传播广的特色报道。如甘肃省酒泉市肃州区融媒体中心积极拓展传播渠道，依托人民日报社、新华社等央媒平台发布主题报道。如在人民日报客户端发布《【喜迎

二十大 肃州这十年】肃州：跑出新时代高质量发展加速度》《【喜迎二十大 肃州这十年】肃州：守护绿水青山 厚植生态底色》等系列稿件，图文并茂呈现肃州自党的十八大以来在经济、生态等各方面的发展变化，晒出肃州非凡十年的亮点答卷；福建省晋江市融媒体中心在党的二十大召开期间打造重要专栏"二十大时光"，发布《二十大时光｜坚守实体经济 推动晋江高质量发展》《二十大时光｜晋江：创新驱动 打造县域科创发展标杆》等推送，介绍晋江在实施创新驱动发展战略、推动经济高质量发展等方面的成绩，总结归纳晋江经验。

第二，壮大主流舆论阵地，牢牢坚持正确舆论导向。各县级融媒体中心在内容制作方面，积极把握时政热点、传递正能量，宣传典型事例、优秀事迹，壮大主流舆论阵地，始终坚持正确的舆论导向，让主流舆论引领社会发展的方向，为人民群众提供真实、客观、全面、及时的新闻和信息，引导公众形成正确的价值观和思想观。如甘肃省酒泉市肃州区融媒体中心微信公众号"肃州区发布"发布重要通知公告、疫情防控政策、本地新闻等，抖音账号"肃州融媒"关注各地热点新闻，3月18日发布《清澈的爱只为中国！看到烈士生前影像，再次泪奔！＃烈士＃珍贵影像＃祖国在我心中＃醉美肃州》，展现烈士陈祥榕生前英容，用影像与音乐营造感动氛围，获点赞量超 25 万；江西省南丰县融媒体中心内容聚焦社会热点事件，涵盖社会、民生、农业、文化、娱乐等主题，有效进行舆论引导。快手账号"南丰县融媒体中心"8 月 13 日发布《高速隧道内一油罐车着火，车主弃车避险，救援车被堵，紧急时刻众人徒手抬车抬出一条救援通道》《中国男子首尔暴雨中救出韩国老夫妇，韩媒：是英雄、义士!》等，都展现出国人乐于助人、大难之前挺身而出的优良品质；12 月 10 日发布《河北无腿老兵马三小　18 年植树 1.7 万棵　身残志坚　染绿太行山》，介绍老兵的植树故事，18 年的坚持为国家的生态建设作出不朽贡献，引发受众共鸣，获点赞量超 1.1 万等。

第三，充分进行舆论监督，发挥媒体职能。各县级融媒体中心通过舆情监测、调查报道等多种方式，及时发现和解决社会热点、难点问题，加强对政府工作的监督，促进政府部门履行职责、提高工作效率。例如，浙江省永康市融媒体中心通过搭建全媒体问政直播平台、导入人机协同智能监测机制，以及联动网民内外有别建言资政等多种方式，打好了全媒体舆论监督组合拳，推动党员干部作风转变与民生实事的解决，收到了良好的效果；云南省宣威市融媒体中心抖音账号"宣威融媒"播发《一导游大巴车上批评游客花钱少！旅行社：停职罚款2000元，已拉黑名单》等稿件，积极发挥舆论监督作用。

2.搭建沟通枢纽，推动基层建设

县级融媒体中心作为一种具有较强影响力和传播力的新型媒体，具有搭建政府与群众之间沟通枢纽的作用。2022年，各县级融媒体中心通过深入报道社会治理中的热点问题和难点问题，及时传达政府政策，积极推动社会治理创新和提高。同时，我国县级融媒体中心也正在利用多种形式为广大群众提供服务，如开展问政直播、在线咨询等，增强与群众之间的互动，为政府决策提供参考意见和建议。

第一，与政府部门建立联系，促进信息"上传下达"。各县级融媒体中心积极与政府部门建立联系，发挥自身的优势，搭建起政府与民众之间的沟通桥梁，以促进政府部门更好地了解民众需求和反映，提高政府决策的精准度和科学性。各县级融媒体中心积极推进社会治理的信息化建设，为政府决策提供参考依据，方便公众了解相关政策和问题的解决方案。同时，重视多元主体的声音，关注县域范围内民众的意见，如在城市管理、环保治理等多个方面，许多县级融媒体中心正在以调查报道、专题访谈等形式，帮助政府掌握市民对政府工作的评价和反馈，推动政府部门针对问题进行有效治理。如北京市大兴区融媒体中心以"言之有理"栏目作为政府和民众沟通的桥梁和纽带。"言之有理"栏目聚焦大兴区基层治理过程中的热点、难点和痛点问题，为政府、社会、群众搭建一个公共对话平台。以"12345"市民服务热线为工作抓手，每期针对一个热点、难点或高频问题，协调相关单位与涉事居民代表面对面沟通，以"镇街吹哨、部门报到"流程影像化的方式探索"媒体＋治理"服务新模式，为解决好引导服务群众"最后一公里"问题提供参考样板；江苏省沭阳县融媒体中心微信公众号"沭阳发布"根据我国县级区域节水型社会达标建设工作要求，开展意见征集活动，通过报道《@沭阳人，这件事，您的意见很重要!》，就深化节水工作进行问卷调查，了解公众节水意识，普及节水知识，凸显了报道的社会价值。

第二，及时推进信息共享，稳定社会心态。各县级融媒体中心积极推进政府与民众之间的信息共享，利用新闻媒体的传播渠道，及时发布政府决策和政策解读，方便民众了解政策内容和相关流程，提高政策的透明度和公开度。如在疫情期间，福建省晋江市融媒体中心内容契合社会关切，结合当地疫情防控最新情况，迅速传达最新政策消息，如《速扩！泉州疾控最新提醒！》，提高基层新闻传达速度，展现县级融媒体中心作为信息传播"最后一公里"的重要社会价值；江苏省昆山市融媒体中心微信公众号"昆山发布"不仅第一时间报道疫情防控进展，还及时传播助企纾困政策，如《@昆山工业企业，复工复产安全生产请做到"五个一"》等，获得广泛社会关注；上海市松江区融媒体中心微信公众号"上海松江"发布《芥蓝、上海青、生菜，6斤绿叶菜18元，一场向心奔赴的公益行动让爱心助农实惠到家》，及时介绍物资保障信息，帮助群众疏解焦虑心理。福建省平潭综合实验区融媒体中心"防疫有疑问，记者帮你问""个人防疫总攻略"等专栏，全面做好疫情防控宣传报道，累计刊发稿件1000余篇。其中《记者帮你问｜普通群众去哪里买抗原检测试剂？如何使用？》等重点稿件的发布，增强了群众抗击疫情的信心。

3.深耕群众需求，突出地域特色

县级融媒体中心是报道本地新闻和服务本地群众的重要力量。

2022 年，各县级融媒体中心充分把握本地群众信息需求，聚焦社会关切，为公众提供贴近生活、实用性强的信息服务，同时深入挖掘本地特色文化、地域特色和经济发展的独特性，突出本地特色，充分发挥新媒体的优势，采用多种形式多层次地传播本地文化。

第一，把握当地民生热点，聚焦社会关切。各县级融媒体中心时刻关注当地最新的民生热点和社会事件，及时报道和跟进，为公众提供及时、权威、全面的信息服务。例如，浙江省义乌市融媒体中心微信公众号"爱义乌"擅长制作主题报道，内容涉及城市建设、疫情防控、就业招聘、天气预报等民生信息，紧密围绕义乌市和国家层面的大事、要事，创作出"义乌市场建设 40 周年""新时代　新征程　新伟业""领航中国""2022 年世界互联网大会乌镇峰会"等专题栏目，形成系列推文，进行重点报道；天津市西青区融媒体中心发挥传统媒体的内容创作优势，将本地重要事件以受众喜闻乐见的方式呈现出来，获得较好的传播效果，微信公众号"天津西青"发布《西青—外省通勤人员，教科书式操作将疫情传播风险降到最低》，通过个人亲身经验分享抗疫小妙招的方式，提醒受众注意个人防护，做好相关健康监测。

第二，深挖地域特色文化，放大地方声量。各县级融媒体中心深入挖掘当地的文化和历史，发掘地域特色，通过文化传承和挖掘地方特色，加强地域文化的传播和宣传，提高当地的知名度和美誉度。例如吉林省抚松县融媒体中心通过新华社客户端播发了《千城胜景丨长白天下雪·抚松》《四季旅行丨大美抚松 心向往之》《希望的田野丨醉美兴参——吉林抚松》等反映当地自然风光、人文风情的稿件，充分借助中央媒体平台，宣传推介本地风土人情，展现抚松之美，取得良好传播效果；内蒙古自治区鄂尔多斯市伊金霍洛旗融媒体中心在人民日报客户端发布《2022"打卡中国·最美地标——你好，内蒙古"网络国际传播活动走进伊金霍洛旗》，在新华社客户端发布《声视讯蒙丨百年珠拉格那达慕：草原上的夏日盛会》，充分展示当地民风民情，介绍当地贯彻"生态优先 绿色发展"的理念，向受众展现民风淳朴、欣欣向荣的伊金霍洛旗。

第三，关注基层工作，服务群众。各县级融媒体中心关注基层工作和服务群众，为公众提供贴近生活、实用性强的信息服务。如各县级融媒体积极打造综合服务平台，提供精准信息服务。在各平台，尤其是在微信公众号、客户端等平台提供精准丰富的信息服务，不仅及时发布疫情、天气、教育等当地相关最新政策或信息，更考虑群众的实际生活需求，开设常用服务链接。

关注"民之所想"，如在疫情防控政策调整后，及时发布、解读疫情防控最新政策变动信息，提供健康科普类、就医购药类的服务性内容等。

4.深化融媒思维，平台优势有机结合

各县级融媒体中心持续深化融媒思维，将不同媒体平台优势有机结合，提高传播效果，且加强互联网与传统媒体的融合，积极开展跨界合作，拓展媒体传播的新领域和新渠道。

第一，拓展新媒体平台，形成融媒传播矩阵。各县级融媒体中心通过整合平台资源，不断拓展新媒体平台，开拓传播渠道，建立融媒传播矩阵，探索适合当地的新媒体模式和应用场景。各县级融媒体中心基本已初步形成由网站、微信公众号、微博、抖音、快手、客户端等多个媒体平台组成的传播矩阵，实现信息共享、内容互通、品牌协同，提高传播效果和影响力。截至2022年12月，监测范围内的全国114家典型县级融媒体中心有61家在新浪微博、微信公众号、抖音和快手等平台均开办了账号，占比超过50%。

第二，强化平台运营，提高传播效果。当前我国县级融媒体中心正在加强对各媒体平台的运营和管理，实现全平台全覆盖的信息

传播，做好平台内容策划和生产，提高内容质量和吸引力，不断优化平台运营和服务。如江苏省江阴市融媒体中心紧抓短视频时代机遇，充分把握短视频平台内容创作与运营特点，抖音账号"最江阴评论部"发挥传统媒体内容制作优势，利用主持人的口碑、形象，结合新媒体平台的传播优势，对"重庆山火""河南赋红码""四川地震"等新闻热点内容进行理性、客观的评论，帮助受众理清各类事件脉络，积极进行舆论引导。

四、全国县融中心重点传播议题

1. 学习贯彻宣传党的二十大精神

在党的二十大召开期间，各县级融媒体中心紧跟大会盛况，及时转发中央媒体关于大会最新消息和相关重要报道，重点发布大会相关新闻、报告解读、基层党代表等方面信息，及时准确做好大会程序性报道。据统计结果，在党的二十大召开前后，全国 114 家典型县级融媒体中心在微博、微信、抖音、快手等平台共发布了258039 条发稿数据，内容既涵盖了大会相关新闻、学习党的二十大报告以及贯彻党的二十大精神等内容，还有因地制宜生动展现非凡十年各地发展成就等方面。内容创作形式多样，满足了不同类型受众群体的信息消费需求，为庆祝党的二十大胜利召开以及提高全民学习贯彻党的二十大精神营造了热烈氛围。

（1）报道大会盛况，营造热烈气氛

在党的二十大召开之前，各县级融媒体中心将重点放置于迎接党的二十大召开的各类欢庆活动与展现本地发展态势之上，展现全国各地对党的二十大召开的期待与鼓舞。以内蒙古自治区鄂尔多斯市东胜区融媒体中心为例，其发布的《祖国万岁！东胜儿女这场升国旗仪式激情澎湃!》将东胜区举办的"喜迎二十大　建功新时代"主题活动，以"图文稿件＋现场报道"的形式，完整地记录了下来，体现了东胜各族各界对于党的二十大召开的深情祝福。

在党的二十大召开期间，各融媒体中心积极关注党中央声音，及时转载人民日报、新华社、央视新闻等主流权威媒体信息，第一时间传播大会盛况；同时聚焦本地各界收听收看和热议党的二十大报告的热烈氛围，针对党的二十大报告中的重点内容，以学习报告内容、探讨心得体会的形式来深刻领悟党的二十大报告的精髓要义。如各微信公众号转载发布新华社《党的二十大在京开

幕　习近平代表第十九届中央委员会向大会作报告》《党的二十大在京闭幕　习近平主持大会并发表重要讲话》等；重庆市永川区融媒体中心就推出了"学报告·谈体会"专题栏目，邀请本地区各镇街负责人谈学习党的二十大报告心得体会，结合实际，提出贯彻落实思路和举措，推出《阔步新征程　展现新作为　书写新篇章——永川区镇街负责人学报告谈体会（一）》等系列文章；广东省广州市增城区融媒体中心在党的二十大胜利召开之际，掀起了学习贯彻党的二十大精神热潮，推出《增城掀起学习宣传贯彻党的二十大精神热潮》系列文章；福建省晋江市融媒体中心开设"二十大时光"专栏，推出了《二十大时光丨推动晋江文化繁荣　提升城市软实力》来讲述晋江弘扬优秀文化的多方面举措；内蒙古自治区鄂尔多斯市东胜区融媒体中心推出"奋进新征程　建功新时代"专栏，发布《党旗引领风帆劲——东胜区全面推进党的建设工作综述》《东胜区：产业绿色转型升级　高质量发展步履铿锵》等稿件，充分展现本地区学习把握落实党的二十大精神的浓厚氛围。

（2）聚焦十年发展，呈现满意答卷

党的十八大以来，以习近平同志为核心的党中央团结带领全国各族人民，采取一系列战略性举措，推进一系列变革性实践，实现一系列突破性进展，取得一系列标志性成果，推动党和国家事业取得历史性成就、发生历史性变革。一项项重点工程、一个个国之重器、一次次创新突破……新时代的伟大变革中，不同维度的独特标识记录下中国的非凡十年。为了展现非凡十年所带来的历史性成就，各县级融媒体中心也就当地情况进行了极富特色的解读，呈现了非凡十年建设中的本地"答卷"。

各融媒体中心推出系列主题稿件，集中反映各地在十年中所做出的一系列努力与成果。以天津市宝坻区融媒体中心为例，在党的二十大召开前夕，在微信公众号"宝坻融媒"上聚焦党的二十大精神，先后推出了《非凡十年 | 踔厉奋发　宝坻宝地尽朝晖》系列报道，以逐一篇章徐徐展开的形式传递党的二十大精神，用实际行动喜迎党的二十大召开；上海市松江区融媒体中心创作出大量契合主流宣传热点的优质报道，如《非凡十年 | 蝶变！从城乡接合部到产城深度融合示范区，松江高品质规划建设九科绿洲》描绘九科绿洲环境治理变化，《非凡十年 | 集聚长三角 G60 科创走廊沿线商务功能，展现"科技芯、世界窗"目标愿景，松江枢纽为长三角 G60 科创走廊提供战略支撑》展望松江枢纽综合性新城中心的未来发展等；江西省九江市武宁县融媒体中心持续壮大主流声音，重点策划

开展的"非凡十年 武宁蝶变"大型成就专题报道，对 10 年来武宁县经济、党建、生态、民生等方面工作进行宣传，共推出专题报道 6 期、相关新闻产品 120 多条，为喜迎党的二十大召开营造了良好的舆论氛围。

（3）创新报道方式，提高传播效果

在报道方式上，各县级融媒体中心积极尝试创新的传播表达，通过长图、动图、漫画、动画、VLOG、H5 等多种新媒体传播形式，做活党的二十大相关融媒报道，稳中有新，提高传播效果。如在一展现非凡成就的作品中，云南省文山市融媒体中心结合本地实际，推出《文山·非凡十年》十组系列海报，从数字增长、环境治理、市场政策、党建情况、交通建设、产业发展等多个角度进行梳理总结，通过关键词提取和数据分析的方式，将文山十年来的发展和变革跃然于一张张海报之上，新颖的形式和直观的表达使受众能一眼获悉文山近十年的辉煌成就；江苏省靖江市融媒体中心视频号"今靖江"紧紧围绕党的二十大胜利召开这一重大主题，推出了《大美乡村行·新农村我代言》的系列短视频，以村书记第一视角拍摄 VLOG 的方式，展现了乡村发展变化与当地特色。

图 18 《文山·非凡十年——产业强市 动能澎湃》系列海报部分内容截图

2. 2022 年北京冬季奥运会

北京冬奥会是"两个一百年"奋斗目标历史交汇期的重大标志性活动，是展现国家形象、促进国家发展、振奋民族精神的重要契机。因此，做好北京冬奥会、冬残奥会报道工作，是新闻媒体在新时代的职责和使命，也是满足最广大人民群众对于国际赛事信息需求的切实举措。

具体来看，在冬奥会举办期间，各县级融媒体中心产出与冬奥会相关的新闻稿件内容主要分为三大类。

（1）聚焦科技奥运、绿色奥运，展示国家实力

各县级融媒体中心关注冬奥会中展现的"国家力量"，如冬奥会场馆建造、开幕式演出盛况、赛事运行、国际反响等诸多方面。在报道冬奥盛会时拓宽了报道纬度，增强了立体感和全面性，既有全景展现，也有细节特写，既有力度与深度，又有温暖和情怀。如

图 19 《今晚，"天下一家人"大型中英文字幕烟花，壮观绽放北京冬奥会闭幕式！#一起向未来》视频截图

湖南省长沙市浏阳市抖音账号"浏阳电视台"将冬奥会闭幕式的烟花绽放切片至抖音平台上发布，便取得了点赞量 59 万的耀眼成绩，足以见得展示国家实力对于凝聚全民族共识的重大意义；北京市海淀区融媒体中心微信公众号"北京海淀"发布《硬核！37 家中外媒体记者在中关村壹号感受"冬奥科技"》，展现了北京冬奥会上的科技力量。

（2）"一墩难求"，凸显北京冬奥价值

吉祥物"冰墩墩""雪容融"成为 2022 年开年的"顶流"，"我想有个冰墩墩""一墩难求""一户一墩"等热词频出。各县级融媒体中心多角度报道相关内容，如吉祥物形象展现、手工艺品制作、衍生表情包等，贴合社会热点与受众关注。如北京市朝阳区融媒体中心微信公众号"北京朝阳"发布《冰墩墩雪容融"亮"相朝阳街头！冬奥氛围感拿捏住了！》，通过丰富的图文报道，展现了朝阳区迎接北京 2022 年冬奥会呈现的更加开放、更加自信、更加美丽的形象；上海市浦东新区融媒体中心微博账号"浦东发布"发布的《# 雪容融还没上班就漏气了 # 做一个不会漏气的雪容融灯笼挂家里吧～吉祥又喜庆 [雪容融]》《【冰墩墩手绘教程安排！转走学起来 [熊猫]】# 冰墩墩糖葫芦 # 据媛纸想要当学霸，听说，冬奥顶流冰墩墩"一墩难求"！戳图学起来↓↓↓ # 苏翊鸣眼睛粘到冰墩墩上了 #》；成都高新区融媒体中心微博账号"成都高新"发布的《# 冰墩墩曾考虑过叫冰墩儿 # 分享一组冰墩墩表情包，冰墩墩那么可爱，怎能不转？ [熊猫][熊猫][熊猫] 来源：@ 颜王爷》等，以冬奥会吉祥物展开，单条微博均获得 1000 余条的点赞量。

（3）展现地域特色，冬奥全民参与

各县级融媒体中心聚焦冬奥会中所展现出的本地区元素和贡献，在贴合国家重要热点的同时，呈现地方特色，凝聚情感共识。如四川省成都市双流区融媒体中心微信公众号"双流发布"发布《骄傲！北京冬奥会上的"双流力量"！》，通过丰富精彩的动图，展现了在冬奥会现场出现的双流"烧火龙"、"双流造"发电玻璃、双流川开电气以及冬奥会医疗保障队中的双流人，充分展现了助力冬奥会的"双流力量"；江苏省江阴市融媒体中心微信公众号"最江阴"发布《冬奥现场，江阴身影！》，介绍了在冬奥会中服务的江阴籍大学生志愿者，展现了冬奥现场中的江阴人风采；江苏省义乌市融媒体中心微信公众号"爱义乌"发布《结缘北京冬奥！义乌这 17 个学生……》，介绍了入选"北京 2022 年冬奥会和冬残奥会青少年绘画作品展"的义乌市龙回实验小学、稠州中学和西柚艺术选送的 17 幅作品等。

3. 积极做好新冠肺炎疫情防控

2022 年全年，各县级融媒体中心在各平台发布的主题内容中，疫情防控类相关作品稿件占据较大比重，持续已久的疫情，对媒体信息传播的可及性和舆论引导的有效性提出了巨大的挑战，抗击新冠肺炎疫情的"战疫"报道，是对各县级融媒体中心的一次大考。

具体来看，各县级融媒体中心产出与疫情防控相关的新闻稿件内容主要有以下三个报道角度。

（1）及时发布最新信息，缓解群众恐慌焦虑

在各地积极应对疫情挑战的同时，各县级融媒体中心及时、准

确、公开发布疫情防控信息，信息传播"最后一公里"价值凸显，获得受众广泛关注。概览所有信息发布类通知通告稿件，主要集中在"通知／通告""核酸检测""阳性通报""紧急排查"与"开／停业通知"几项之上。如福建省宁德市蕉城区融媒体中心及时准确提供最新防疫政策、新增病例、物资供应、核酸服务等疫情相关信息，如《宁德市蕉城区应对新型冠状病毒感染肺炎疫情工作领导小组通告（2022 年第 35 号)》《关于维护大米等民生物资供需稳定有关事项的通告》等；北京市大兴区融媒体中心快手账号"北京大兴"发布《6 月 11 日 0 至 15 时北京新增本土感染者 46 例》，关注疫情最新动态等；广东省广州市番禺区融媒体中心第二季度在微信公众号及时关注疫情进展，播发《广州番禺疾控提醒：到过石壁、钟村等重点场所的人员请立即报备并核酸检测》《广州刚刚通报：新增 7 例》等稿件，受众关注程度较高，取得很好传播效果。该类信息旨在深入宣传、充分报道党中央重大决策部署和所在省市县的联防联控措施，为集中全力防控疫情作出了重要贡献。

（2）讲述温情故事，传递社会守望相助正能量

各地防控一线涌现出了许多正面暖心的人物事迹，各县级融媒体中心深耕本地疫情防控类话题，挖掘出多个深度和温度兼具的新

闻故事，记录下白衣战士、社区干部、武警官兵和驻村干部等每一个人的感人举动，为各族人民讲述了一个又一个生动的抗疫故事，充分传播抗疫一线民众守望相助的正能量，鼓足迎难而上的干劲，积极营造了强人心、暖人心、聚民心、稳人心的环境氛围，不断增强群众战胜疫情的信心和决心。如新疆维吾尔自治区莎车县融媒体中心抖音账号"莎车县融媒体中心"发布《听到那句"妈妈热"，心都化了……希望疫情早日过去，妈妈回家一定会给你大大的拥抱!》；北京市海淀区融媒体中心快手账号"海淀融媒"发布《全民同心，共抗疫情，"大白"为居民运送蔬菜!》表达全民抗疫的决心；新疆维吾尔自治区疏勒县融媒体中心抖音账号"疏勒发布"播发自制短剧《向"战疫"路上的医护人员致敬! ＃疏勒发布＃疫情防控》；上海市普陀区融媒体中心微信公众号"上海普陀"的"暖心守沪"栏目，发布《暖心守沪丨20人转阴回家! 普陀首个方舱医院迎来首批出院患者》《暖心守沪丨生命接力! 10吨海盐及时送达，拯救了数千尾海洋生物的性命》《暖心守沪丨守护孕产妇健康安全! 普陀这里24小时畅通母婴"生命通道"》等多篇稿件。在各地疫情期间，给人以温暖和鼓舞，积极传递疫情防控的正面信息，反馈全民抗疫的有效成果。

（3）普及科学防护知识，贴合受众信息需求

各县级融媒体中心在疫情期间广泛普及科学防护知识，提高群众防疫知识知晓率，贴合特殊时期受众的信息需求，体现了媒体的社会责任担当。如陕西省商洛市柞水县融媒体中心在抖音号及时播发疫情防控相关信息，开辟"防疫小常识"系列栏目为广大市民提供科学防疫知识；上海市浦东新区融媒体中心抖音账号"浦东发布"发布《辟谣！打科兴新冠疫苗后出现肺结节？莫让谣言干扰抗疫大局》来对疫情谣言进行辟谣等，均是在提倡疫情下的每个个体充当自己在疫情当前的第一责任人，做科学防护的自觉践行者；四川省成都市双流区融媒体中心微信公众号"双流发布"发布《手绘科普丨这些防疫小知识快来复习复习》通过原创手绘漫画，科普防疫相关知识。

五、全国县融中心未来发展建议

1. 内容方面，加强策划创新，催化融合质变

调查研究认为，就 2022 年各县级融媒体中心的传播表现来看，我国县级融媒体中心在内容策划方面存在创新乏力的问题。

在内容创作方面，某些县级融媒体中心发布的内容多为政府公告和新闻通稿，内容都比较单一，没有很强的针对性和吸引力，缺乏创新性的报道和专题，如同一融媒体中心内部各媒介平台对同一内容素材进行反复加工和利用，看似变化了形式，但实质上在内容细节、报道视角上还是一样。这种"拿来主义"的现状限制了各新媒体终端内容的丰富性和吸引力，既体现不出新媒体形式多元、传播迅速、创新空间大的优势，也不利于提升县级自身的影响力和传播力。

针对此，部分县级融媒体中心首先应重视自身新闻传播理念的创新，不断提升新闻传播的时效性、准确性、趣味性。应该持续强化内容策划创新，不断提高融媒产品质量，加强对地方特色、人文历史、文化创意等方面的挖掘和报道，通过创新的内容形式和多元的内容形态来吸引更多的受众关注和参与。

同时，县级融媒体中心需要加强媒体工作者对数字化工具的应用和熟练度，持续引入最新的传播技术和理论知识，为县级融媒体中心的传播提供更加专业的支持和指导。加强对融媒体人才的引进和培养，打造一支具有专业化技能和实践经验的传媒团队，提升整体传播实力。

此外，应注意不断创新传播手段和表现形式。部分县级融媒体中心在技术应用方面存在着创新不足、跟进不及时的问题，导致传播方式单一、创意不足，难以吸引更多受众的关注。某些县级融媒体中心虽然开通了官方微信、微博等社交媒体账号，但在使用上却只是简单地复制、粘贴内容，缺少独特性和创新性。相比之下，一些先进的融媒体中心则积极探索新的技术应用，如虚拟现实、增强现实等，提高内容的表现形式和互动体验，从而吸引更多受众的注意力。因此在融媒体背景下，各县级融媒体中心应注重创新技术的应用，探索更多与新媒体相关的技术手段，提升内容呈现的质量和互动体验。比如，可以通过虚拟现实技术，让观众身临其境，感受到真实的体验。

2. 互动方面，增强黏合度和互动参与

就 2022 年各县级融媒体中心的传播表现来看，当前我国县级融媒体中心的整体互动效果有待加强。目前部分县级融媒体中心在互动方面，缺少有效的互动方式和形式，缺乏对受众的真正关注和参与。许多县级融媒体中心的微博账号上发布的内容很少与受众进行互动，只是简单地发布一些官方消息和新闻

报道，这样的互动方式和形式无法真正吸引和引导受众的参与和互动。

对此，县级融媒体中心应该加强与受众的互动，通过问答、话题讨论等方式，引导受众参与互动，增强受众参与感和归属感。例如，组织线上或线下的互动活动，邀请受众参与讨论、发表意见和建议等。

3.融合互通方面，加强帮扶联动，资源共享，放大一体效能

由于各县级融媒体中心在资金、人才、技术、资源等方面存在较大差距，导致目前各县级融媒体中心的传播实力差距悬殊。一些发达地区的县级融媒体中心已经在技术设备、人才队伍、内容创新等方面做出了较大的投入和改善，而一些欠发达地区的县级融媒体中心由于受到资金、人才、技术等方面的限制，无法实现这些先进的发展举措。

对此，应鼓励不同县级融媒体中心之间进行经验分享和交流合作，加强人才队伍建设，以及引进和整合社会资源。同时，针对一些资金有限的县级融媒体中心，可以采用更为灵活的方式，比如借

助社会资源和互联网平台，以低成本的方式提升其传播实力；县级融媒体中心也可加强与高校、研究机构等的合作，获取最新的传播技术和理论知识，提升专业水平。

第二章

全国县级融媒体中心传播力
影响力调研报告（2022 年第一季度）

一、全国县融中心综合影响力典型事例

全国县融中心综合影响力通过抓取、分析、评估县级融媒体中心在新媒体平台运营数据，客观呈现县级融媒体中心现状和特点，评价其综合传播力和影响力。

一季度，上海市浦东新区融媒体中心所运营的微信、抖音账号"浦东发布"不仅维持了稳定的发稿力度，在爆款内容生产、核心报道创作等方面也表现出显著优势。江苏省江阴市融媒体中心和云南省弥勒市融媒体中心与受众互动良好，凸显其提升受众参与度与好感度的能力。除此之外，甘肃省秦安县、云南省澄江市、云南省文山市、江苏省昆山市、浙江省海宁市、福建省晋江市和海南省文昌市等县级融媒体中心也展现了较强的综合影响力。

就数据统计情况看，"综合影响力"典型事例具有以下三个方面的显著特点：一是"头部少，中尾部多"，头部中心优势明显，中尾部与头部存在一定差距；二是边疆少数民族地区县级融媒体建设卓有成效，部分区县利用少数民族语言，围绕当地党委政府中心工作和人民群众信息需求，积极推出有感染力、影响力的新媒体作品；三是舆论引导能力凸显，多条高互动量作品均以受众喜闻乐见

的形式传播党和国家的重大决策部署，彰显了县级融媒体中心在做好主流舆论引导方面的较强能力。

二、全国县融中心主题报道典型事例

全国县级融媒体中心主题报道表现通过统计县级融媒体中心爆款作品中，涉及党和国家的重大决策部署、中心工作、重大活动的发稿量和转载情况，评估县级融媒体中心基层主流舆论引导能力。

上海市浦东新区融媒体中心一季度共产出 150 条微信主题报道内容、37 条微博主题报道内容、43 条抖音主题报道内容；江苏省江阴市融媒体中心共产出 102 条微信主题报道内容和 40 条抖音主题报道内容；云南省弥勒市融媒体中心共产出 43 条快手主题报道内容。江苏省常熟市、江苏省昆山市、浙江省海宁市、福建省晋江市、上海市松江区、甘肃省秦安县、上海市普陀区等融媒体中心也都有较好的主题报道内容产出。

一季度主题报道的主题主要涉及冬奥会、疫情防控等，例如，湖南省浏阳市融媒体中心发布的与冬奥相关的短视频作品，在抖音平台获得近 60 万的点赞量。

三、全国县融中心爆款创作典型事例

　　全国县级融媒体中心爆款创作表现通过统计县级融媒体中心在主要新媒体平台所发布的单篇达到爆款标准的稿件数量，评估县级融媒体中心优质内容创作力。

　　上海市浦东新区融媒体中心共产出 164 条微信爆款文章，81 条微博爆款和 57 条抖音爆款；江苏省江阴市融媒体中心共产出 138 条微信爆款文章和 102 条抖音爆款；云南省弥勒市融媒体中心共产出 86 条抖音爆款和 196 条快手爆款。微信公众号爆款内容多与疫情防控相关，如每日新增病例通报、物资供应调配、核酸检测服务点等，公众号起到了疫情防控信息发布主力军作用。

　　新疆维吾尔自治区莎车县融媒体中心通过运用少数民族语言，对国内外时事热点、当地美食、生活妙招、美文美句等内容进行二次加工，极大提高了当地受众对视频内容的理解，拓展了当地群众对国内外时事的了解渠道，进一步增强了县级融媒体受众的黏性。

　　此外，福建省晋江市、云南省澄江市、浙江省海宁市、江苏省昆山市、甘肃省秦安县、江西省南丰县等融媒体中心也展现了较好的优质内容生产能力。

四、全国县融中心互动传播典型事例

全国县级融媒体中心互动传播表现综合考量县级融媒体中心三大职责定位、五大功能理念，通过统计县级融媒体中心在主要新媒体平台发布的稿件总量，以及稿件点赞、评论、转发、在看量等，评估县级融媒体中心发声积极性和受众参与度、好感度。

其中，甘肃省秦安县融媒体中心一季度在主要新媒体平台共发布稿件8513篇，平台转评赞总量超过2000万；云南省弥勒市融媒体中心共发布稿件3646篇，平台转评赞总量超过2686万。江苏省江阴市、云南省文山市、新疆维吾尔自治区莎车县、云南省澄江市、上海市浦东新区、江西省南丰县、甘肃省酒泉市肃州区、安徽省来安县等融媒体中心在互动传播上也表现突出，展现出不少亮点。

总体来看，全国县级融媒体中心在互动传播能力方面存在较大差异，普遍存在"重发稿、轻互动""重生产、轻运营"等现象，应着力提升运营水平，不断提高受众参与度与好感度。

五、全国县融中心央地联动典型事例

全国县级融媒体中心央地联动表现通过统计县级融媒体中心报道被中央媒体提及、转载、转引次数，评估县级融媒体中心受到央媒关注认可程度，以及与央媒联系的密切程度。

数据显示，部分县级融媒体中心已初步建立良性的央地联动机制。其中，海南省文昌市融媒体中心表现突出，一季度被中央媒体采用稿件达 76 篇。从内容看，各县级融媒体中心被央媒转载的稿件主要为各地区经济产业发展、乡村振兴、特色风俗文化等内容。如海南省文昌市融媒体中心稿件《组织大学生参观重点园区项目，激发建设家乡热情》，贵州省毕节市七星关区关于"新春河道治理""企业复工"等报道。

福建省宁德市蕉城区、河北省涿州市、云南省澄江市、重庆市铜梁区、湖北省南漳县、甘肃省环县、福建省晋江市、浙江省义乌市等融媒体中心，也有不少优秀内容被央媒转载，受央媒关注认可程度较高。

六、全国县融中心新媒体平台佳作

全国县融中心央地联动佳作
2022年第一季度

地区	区县	联动平台	日期	标题/内容
海南省	文昌市	新华网	1月24日	刘冲:加快建设文昌国际航天城 助力自贸港建设
海南省	文昌市	人民网	2月16日	文昌组织返乡大学生志愿者到重点园区、 项目等地学习
贵州省	七星关区	新华网	2月23日	七星关区:新春河道治理忙
贵州省	七星关区	人民网	2月16日	七星关区:企业复工忙 争创"开门红"
福建省	蕉城区	新华社客户端	1月27日	视频丨闽东宁德:黄田蔗糖"熬" 出甜蜜日子
福建省	蕉城区	人民网	2月9日	蕉城区GDP增速实现全闽"四连冠" 成为宁德市首个千亿县域经济体
河北省	涿州市	中国新闻网	2月23日	河北涿州2名儿童冰上玩耍不慎落水 众人紧急救援

续表

全国县融中心央地联动佳作 2022年第一季度

地区	区县	联动平台	日期	标题/内容
河北省	涿州市	新华社客户端	3月4日	千城百县看中国丨河北涿州：蜂蜜给乡村振兴加点"蜜"
云南省	澄江市	新华社客户端	2月4日	云南澄江："藕"与抗浪鱼美味盛住"乡愁"
云南省	澄江市	人民网	2月21日	云南澄江环卫站推出这项举措从源头保护环境
重庆市	铜梁区	新华社客户端	1月21日	重庆铜梁：脱贫村走上增收路
重庆市	铜梁区	环球网	3月14日	重庆铜梁小林镇：出境公路铺就产业高地、文旅胜地
湖北省	南漳县	新华社客户端	2月16日	岁岁闹元宵、轰天锣鼓敲传统民俗 喜迎元宵
湖北省	南漳县	中央广播电视总台	3月2日	鸳鸯翩翩，跳起春天的芭蕾

出品：新华社新闻信息中心、新华社县级融媒体研究中心

全国县融中心抖音平台佳作
2022年第一季度

地区	区县	抖音账号	日期	标题/内容
江苏省	江阴市	最江阴评论部	3月15日	315晚会重点梳理:老坛酸菜、骚扰电话、男扮女网红……你被哪个伤害过?#315晚会 #大V快评 #315国际消费者权益日
云南省	文山市	非常文山	2月7日	男孩把树点燃想用嘴灭火,结果吓一跳!#惊不惊喜意不意外 #热点小助手
江西省	南丰县	南丰县融媒体中心	1月2日	西安连续8天确诊超百例,本轮疫情确诊病例已达1573例
湖南省	浏阳市	浏阳电视台	2月20日	今晚,"天下一家人"大型中英文字幕烟花,壮观绽放北京冬奥会闭幕式!#一起向未来
云南省	文山市	非常文山	3月5日	残奥会运动员硬是坚持自己亲手带上奖牌#感动 #残奥会上的感动瞬间 #贾红光
山东省	寿光市	寿光日报	2月28日	穿着隔离服也很灵活 #共同助力疫情防控 #致敬一线工作人员 #致敬

出品:新华社新闻信息中心、新华社县级融媒体研究中心

全国县融中心快手平台佳作
2022年第一季度

地区	区县	快手账号	日期	标题/内容
北京市	海淀区	海淀融媒	3月24日	空难无情,人间有爱!广西梧州村民自发翻山越岭为救援人员送水送食物!
云南省	弥勒市	弥勒市融媒体中心	1月9日	意外失去了双腿,但为了孩子和生活每天摆摊和送外卖补贴生活。#外卖小哥 #感动瞬间 #暖心
云南省	弥勒市	弥勒市融媒体中心	1月12日	70岁爷爷一天扛20吨草料,给患罕见病孙女凑医药费 #泪目 #感人一幕 #正能量
甘肃省	酒泉市肃州区	肃州融媒	3月18日	清澈的爱只为中国!#一人当兵全家光荣 #我爱你中国
云南省	澄江市	澄江融媒	2月6日	寒冬里警察光着膀子为群众捞手机 #澄江观察
北京市	海淀区	海淀融媒	3月11日	吉林一护士连续抗疫多日,累出腰脱,同事换扶站不直身泪洒离岗。#疫情防控海淀在行动

出品:新华社新闻信息中心、新华社县级融媒体研究中心

第三章

全国县级融媒体中心传播力
影响力调研报告（2022年第二季度）

一、全国县融中心综合影响力典型事例

上海市浦东新区融媒体中心第二季度综合表现稳定，共生产爆款稿件 520 余条。其稿件内容主要展现上海疫情防控形势逐步好转的良好态势，如微信公众号"浦东发布"在 4 月发布《明天全市核酸检测，守护这座城市，缺你不行!》，提醒民众进行核酸检测；5 月发布《上海疫情防控取得阶段性成效，从今天起分三阶段恢复正常生产生活秩序》，准确传递信息，激发全民战胜疫情信心。在微信公众号发布《推进上海南汇支线建设，这些地方启动土地征收》等，关注基础设施建设等民生信息，取得较好效果。

江苏省江阴市融媒体中心第二季度维持了稳定的发稿力度，在发稿量和爆款数上均有较好表现，抖音稿件点评时事热点，鞭辟入里，观点鲜明，如《雷霆行动，只剩一天!》《三点疑问，追问灵璧"渔沟中学事件"》等稿件点评分析到位，体现了融媒体中心的责任意识。

上海市松江区融媒体中心第二季度各方面表现稳定，发稿 7600 余篇。稿件多关注疫情防控相关变化，如微信公众号"上海松江"在 4 月发布《松江动态清零一刻不能松》，5 月发布《明天起，

松江部分公交线路恢复运营》。同时，社区服务和城市规划发展等内容也是其关注重点，如微信公众号发布《松江区招聘 206 名社区工作者》《一刻不停建设人民向往的新城：松江枢纽 2024 年 7 月建成，115 所优质学校落地生根》等。

甘肃省酒泉市肃州区融媒体中心第二季度发稿数量大幅提升，在微信、抖音、快手、微博四个平台累计发稿近 5000 条。内容以疫情防控、热点事件为主要选题，在保证发稿数量的基础上，起到了较好的传播效果。如《"假阳性"背后，中科润达自称检测规模排上海前三，媒体测算其每天收入达到 800 万元左右》等。

云南省弥勒市融媒体中心第二季度在微博、抖音、快手平台表现突出，其微博平台发布介绍弥勒优美风光、农产业发展等方面的稿件，受众关注度较高，如《花开盛世：弥勒大树玫瑰花开游客来》《红河弥勒：濒危"红腿娘子"栖息"水鸟之城"》等。抖音账号与快手账号"弥勒广播电视台"关注全国各地热点事件，获得较好传播效果，如抖音平台发布《6 月 14 日，山西方山。刘泽军烈士安葬仪式现场，家属泣不成声。"弟弟，让我再看你一眼"》。

甘肃省秦安县融媒体中心第二季度保持良好的内容创作能力，主题覆盖较为全面，含疫情通报、音乐现场、人民子弟兵风貌等。

6月在抖音发布的稿件《大学录取通知书　祝愿所有同学都能拿到自己满意的答卷》切中高考热点，获得了较好的传播效果。同时发布了大量关于蟠桃、花椒、苹果等本地特产的稿件，具有较强的服务意识。

云南省文山市融媒体中心第二季度表现稳中有进，转评赞总数超1080万。其善于利用短视频平台对热点事件及时发声，内容覆盖范围广，易引发观众共鸣和积极互动。如抖音账号"非常文山"4月发布《女中豪杰！韦慧晓成为中国海军首位女舰长》，6月发布《少年强则国强，他们是象州县初级中学陈家鑫、梁均裕，感谢你们》等。

江苏省昆山市融媒体中心第二季度保持了稳定的内容创作水准，其微信公众号充分展现了突出的原创策划能力。关于疫情防控相关稿件从小切口入手，关注疫情之下平凡的个体，充满温情，如《致来（返）昆山货运司乘人员的一封信》等。

福建省晋江市融媒体中心第二季度整体表现较好，微信公众号发稿尤为突出，总计发布稿件突破1000条，阅读量2100余万。稿件除关注本地疫情防控动态外，还聚焦本地高质量发展。如6月发布的稿件《3分03秒！今晚，晋江上〈新闻联播〉！》转载了《新闻联播》对晋江市区域经济高速发展的报道。此外，公众号及时发布天气预警、学生入学、毕业生补贴申领等信息，贴近百姓关注热点，具有较强的生活服务性。

新疆维吾尔自治区莎车县融媒体中心第二季度各方面表现较为稳定，与受众互动良好，转评赞总量达 660 余万。该融媒体中心擅长用少数民族语言对短视频内容进行二次编创，内容多为各地的时事热点，满足了少数民族受众的信息需求。如抖音账号"莎车县融媒体中心"4 月发布《听到那句"妈妈热"，心都化了……希望疫情早日过去，妈妈回家一定会给你大大的拥抱!》，6 月发布《告诉孩子高考前注意这些细节》等。

二、全国县融中心主题报道典型事例

江苏省常熟市融媒体中心第二季度在主题报道内容生产中整体表现较好，稿件标题非常有贴近性和亲近感，如《重启! 常熟家人们，快来苗苗苗!》《我的群主我的群，全城热映……》等，拉近和读者的距离。

上海市普陀区融媒体中心第二季度发布的主题报道总量占其爆

款稿件总量的95%，稿件内容除关注疫情发展变化外，还多与民众生活相关，如微信公众号"上海普陀"4月发布《婴儿奶粉、蔬菜水果、肉蛋奶……居家抗疫团购汇总来了》，为居家民众提供团购渠道信息。6月发布《预计明年上半年竣工！普陀将打造全区首个"零碳公园"》，介绍城市规划建设等。

浙江省海宁市融媒体中心第二季度产出主题报道120余篇。其稿件内容关注海宁本地热点，如微信公众号"大潮网"4月发布《定了！海宁将新增一所学校！预计今年9月正式开学！在你家附近吗?》，介绍海宁新建中学的相关情况；6月发布《紧急通知！明天起，海宁人出门千万别做这事!》，及时提醒高考期间的城市交通管制情况。

北京市海淀区融媒体中心第二季度主题报道稿件数量超160篇，占爆款总量的98%，内容主要涉及疫情防控消息和各地热点事件的二次传播。如快手账号"海淀融媒"4月发布《全民同心，共抗疫情，"大白"为居民运送蔬菜!》表达全民抗疫的决心。6月发布《高考693分却放弃上北大，那个复读考军校的女孩，如今成了这样!》等。

北京市大兴区融媒体中心5月、6月主题报道数量大幅增加，稿件主要集中在短视频平台，除关注疫情信息外，还涉及大兴本地新闻，如抖音账号"大兴融媒"5月发布《大兴区青云店镇东辛屯村青年党员侯维：能为社会、为身边人，做点贡献、做点好事，我很高兴!》，宣传青年党员，积极传播正能量；快手账号"北京大兴"6月发布《6月11日0至15时北京新增本土感染者46例》，关注疫情最新动态等。

福建省宁德市蕉城区融媒体中心微信公众号"大梦蕉城"4月配合当地疫情防控，及时发布相关信息，发稿量较高。该账号还关注当地中小学招生工作等与受众生活息息相关的话题，如在5月发布《关注! 蕉城区2022年秋季小学、初中新生招生工作意见出炉》等，取得良好的传播效果。

上海市青浦区融媒体中心第二季度主题报道转评赞数量超900万，其稿件善于从富有人情味的视角，向受众提供疫情期间所需信息，如微信公众号"绿色青浦"5月发布《101个种类、1033万元物资……"自热范"在路上!》，介绍志愿者联盟对百姓隔离期间基本生活保障所发挥的重要作用。

天津市西青区融媒体中心微信公众号"天津西青"第二季度主题报道主要发布和传达了天津市西青区疫情防控动态及防控政策。

如 5 月发布的《西青区到过这些地区的人员请立即报备!》提醒相关风险人群主动报备,以有效阻断疫情传播扩散风险。此外,部分稿件报道了辖区艺术教育及文化产业发展情况,如 6 月发布的《重磅!签约!两所知名艺术高校落户西青!"大运河艺术之城"启动建设!》等。

广东省广州市番禺区融媒体中心第二季度在微信公众号及时关注疫情进展,播发《广州番禺疾控提醒:到过石壁、钟村等重点场所的人员请立即报备并核酸检测》《广州刚刚通报:新增 7 例》等稿件,受众关注程度较高,取得很好传播效果。

浙江省义乌市融媒体中心第二季度在主题报道方面有明显提升,其稿件内容多关注义乌本地消息,如微信公众号"爱义乌"6 月发布《5000 万元消费券来了!义乌线下消费场所均可使用!领取方法→》《明天上午 10 点开抢!义乌人做好准备!》等消息,及时提醒民众消费券领取方式和发放时间,受到市场欢迎和受众喜爱。

河北省赞皇县融媒体中心第二季度产出多条有特色的主题报道稿件,如微信公众号"赞皇融媒"发布《生态平泉湖 仙鸟择枝栖》《微视频丨青山绿水 天路盆景》《光影赞皇——滨河路跨南水北调桥进入攻坚阶段》《微视频丨打造生态县城　营造宜居环境》《微视频丨防疫手势舞》等，充分展现了老区干部群众自觉践行"绿水青山就是金山银山"的发展理念，在乡村振兴、生态保护等方面采取的新举措和取得的新变化，为促进当地经济社会高质量发展贡献了融媒力量。

山东省枣庄市市中区融媒体中心第二季度共产出主题报道逾10000条，围绕区委区政府"工业强区、产业兴区、城建立区"、疫情防控、优化营商环境、乡村振兴、安全生产等，策划了一批有影响力的重点报道。如《满意市中书记（局长）说丨专访副区长、市中公安分局党委书记、局长颜伟》《就在今晚，孟庄这位美女冲上央视新闻联播！》等稿件，为市中区高质量发展营造了良好舆论氛围。

三、全国县融中心爆款创作典型事例

云南省澄江市融媒体中心善于利用短视频生产爆款内容，发布全国各地热点新闻，传递正能量。如快手账号"澄江融媒"5月发布《温馨一幕！校长在吃饭时，学生从校长的碗里抓饭吃，还开心地亲了亲校长》，6月发布《近日，河南男子回家路上遇到一老人躺在马路边》等。

江西省南丰县融媒体中心第二季度在抖音、快手平台表现突出。抖音、快手账号"南丰县融媒体中心"发布的内容多聚焦社会热点事件，有效引导舆论，获得较好的传播效果。如快手账号在6月播发《唐山市委书记：认真核查群众反映的问题线索，做到清仓见底》《唐山网友呼吁：不要对唐山地域歧视，别拿地震开玩笑！》等稿件。

江苏省沭阳县融媒体中心第二季度爆款内容多集中于短视频平台，其内容丰富、话题多样，既有娱乐性较强的报道，也有弘扬社会正能量的稿件，内容可看性强，受众互动性高。如快手账号"沭阳融媒"5月发布《大叔河边钓鱼，身后一只丹顶鹤疯狂"偷吃"》，6月发布《了不起！沭阳这对农民夫妻培养出两位清华一位211大学生》等。

河北省枣强县融媒体中心第二季度不断优化选题、创新手法，生产人民群众喜闻乐见的优秀作品。其中快手账号"枣核视频"6月产出爆款30余条，表现尤为突出，其稿件内容丰富，涉及全国各地，其中娱乐性较强的作品获得了出色的传播和互动效果，如6

月发布的《游乐场演员做核酸画面太搞笑了》《狗狗打架被店员捂嘴教育　下一秒狗狗的反应亮了》等。

四川省成都市双流区融媒体中心善于运营微博生产爆款内容，用微博账号发布"早安、晚安"打卡内容，小编与受众积极互动。稿件标题经常采用提问等互动形式，引发受众积极关注，如微博账号"双流发布"6月发布《刚刚四川雅安芦山地震，成都震感明显！你感觉到没?》等。

甘肃省陇西县融媒体中心充分利用短视频平台创作优秀爆款作品，第二季度共产出52篇爆款作品，作品内容多以疫情防控、当地党建活动以及热点新闻为主，如《甘肃省援助上海市生活物资专列发运》等，结合当下热点和本地情况，取得了良好的传播效果。

成都高新区融媒体中心在微博平台上表现较为突出，侧重于城市规划发展，策划生产多篇高质量作品，关注民生民情，助力城市发展。如微博账号"成都高新"4月发布《未来五年，成都规划了什么样的"蓝图"？100秒动画为你"剧透"！戳视频，一起来看吧》，6月发布《今日起正式实施！为统筹疫情防控和经济社会发展，助力市场主体积极应对疫情影响，成都高新区发布〈关于促进市场主体稳定健康发展的政策措施），进一步加大惠企纾困力度》等。

浙江省杭州市余杭区融媒体中心爆款稿件多集中在微信公众号和抖音账号，关注内容涉及疫情防控、高考录取、奇闻逸事等，如微信公众号"天天看余杭"发布《高考第一天！余杭此地被写进浙江高考作文题！这些照片刷屏！》。抖音账号"看余杭"发布《"来我们大厅睡，有空调！"工人们躺在地上午休，酒店经理邀请他们进酒店歇息，工人们再三婉拒后，店员又为他们送水消暑》等，传递社会正能量，获得较好传播效果。

天津市南开区融媒体中心微信公众号"和美南开"第二季度爆款创作能力显著提升，总计发布微信爆款稿件约50篇，主要内容为疫情防控以及与居民生活密切相关的惠民措施，不断创新发展，提升服务能力，充分体现融媒体中心的服务意识和服务担当，如6月发布的《定好闹钟，抢南开千万消费券！》等。

陕西省洛川县融媒体中心快手账号"洛川融媒"5月、6月发布作品聚焦民生百态，契合社会关注，报道社会热点新闻，爆款创作能力相较4月有显著提升，取得较好传播效果，如5月发布《学生复学没手机扫码不让进，女孩无措急哭》，6月发布《国家广电总局、文旅部发布通知：严禁引诱未成年用户"打赏"》等。

四、全国县融中心互动传播典型事例

新疆维吾尔自治区乌苏市融媒体中心第二季度互动传播表现出色，互动总量超 660 万。注重抖音、快手等短视频平台的内容运营，内容涵盖范围广，如抖音账号"乌苏市融媒体中心"发布《经常在早晨听到的叫声，竟然来自这些小可爱》等，用短视频的方式普及知识，增强受众互动性，提升受众黏性。

河南省项城市融媒体中心抖音、快手账号第二季度互动传播方面表现较好，5 月和 6 月强调本地资讯和全国热点并重，弘扬正能量，及时满足受众信息需求，互动量相比 4 月呈现出明显上升趋势。如 5 月发布《在郑同学们不要怕，项城来接你们了！点对点接送 护航回家路!》，6 月发布《天津静海，一醉酒男子当街调戏女性，路过青年看不惯果断出手制服》等。

黑龙江省铁力市融媒体中心第二季度与受众互动良好，表现稳中有升。微信公众号"关注铁力"设置"气象提示""防疫常识""安全提示"等栏目，将信息进行分类，让受众更容易找到关注的信息，提升了服务性。同时也及时发布当地重点工程建设等热点信息，如《再传捷报！坐标哈伊高铁!》等。

安徽省来安县融媒体中心第二季度各平台的互动效果良好，内容多聚焦社会热点事件，及时回应网民关切，取得良好的传播效果。如《长沙塌楼被困女孩：没事我不会哭》《唐山市委书记：认真核查群众反映的问题线索，做到清仓见底》等。

云南省宣威市融媒体中心第二季度借助短视频"短、平、快"的特点，播发各地热点事件短视频，与受众产生良好互动。如抖音账号"宣威融媒"发布《可怜天下父母心，看到这一幕，我也崩不住了……》《网友：这是我见过最牛的录取通知书》，抓住高考热点，获得良好传播效果。

浙江省湖州市吴兴区融媒体中心第二季度互动表现较为突出，爆款内容多集中在微信公众号，在抖音、快手等短视频平台也积极发力，通过多种形式介绍吴兴本地特色，拉近与本地受众的距离，取得较好的互动传播效果。如抖音账号"爱上吴兴"发布《〈走读吴兴〉：想念一碗爆鱼面》《第271集｜〈走读吴兴〉：瓷上江南色，清梦潞村留》等。

甘肃省平凉市崆峒区融媒体中心第二季度重点服务疫情防控重点工作，发布多篇和疫情防控相关的爆款稿件，取得较好的互动效果，如《平凉市崆峒区新冠肺炎疫情联防联控领导小组办公室公告》

《崆峒区疫情防控第46号公告》等，及时传递疫情信息，纾解民困，发挥了融媒体中心信息枢纽的重要作用。

新疆维吾尔自治区疏勒县融媒体中心第二季度各平台互动表现良好。该融媒体中心使用少数民族语言创作视频短剧，故事性和可看性较强，深入浅出，通俗易懂，取得不错的互动效果。如抖音账号"疏勒发布"播发《疏勒县的西瓜又甜又大，瓜农喜滋滋尝到甜头》《幸福不是你房子有多大，而是房子里的笑声有多甜》等。

黑龙江省宝清县融媒体中心第二季度的互动传播总体表现良好。其内容主要关注疫情防护、网络投票等宝清当地热点新闻，通过邀请广大受众共同参与宝清县十大杰出青年遴选活动，在互动中寻求共情，产生较好传播效果。如微信公众号"微看宝清"发布《宝清县"十大杰出青年"网络投票正式开始!》等。

吉林省珲春市融媒体中心在抖音、快手开设"珲春新闻一分钟"栏目，利用普通话和朝鲜语双语播报本地新闻，充分结合地区特点，满足不同民族受众需求，具有较强的服务性。账号以短视频形式直观呈现本地热点事件，与年轻群体加强互动，取得较好效果。如6月发布《危急关头，珲春三少年勇救落水老人。有一种精神，叫挺身而出!》等。

五、全国县融中心央地联动典型事例

海南省文昌市融媒体中心第二季度在央媒平台发稿上百篇，内容覆盖面广泛，聚焦国家航天重大事件、本市重点工作部署以及便民服务举措等，把中央媒体的平台优势、传播优势和地方媒体的新闻接近性结合，取得了较好的传播效果。如《文昌发射测试站举行天舟四号暨空间站建造任务誓师动员大会》《文昌：建好"美丽农村路" 铺就乡村振兴"快车道"》等。

山东省寿光市融媒体中心第二季度在央媒平台发布稿件近两百篇。推出了"牢记嘱托走在前 勇担使命开新局"和"山东手造 潍有尚品"等专题报道，介绍当地重大事件和寿光传统手工技艺。相关稿件如《牢记嘱托走在前 勇担使命开新局 全力打好现代水网建设开局之战》《山东手造 潍有尚品丨传承老工艺 匠心酿美酒》等，对寿光未来城市发展建设和本地特色手工艺品起到良好的推介作用。

重庆市江津区融媒体中心第二季度在央地联动方面表现良好，在人民日报客户端和新华社客户端开设的账号"江津融媒"发稿量保持较高水平，发布内容聚焦本地民生，契合时下热点，如在新华社客户端发布的《重庆江津：区供电公司70多名员工现场值守保电高考》《重庆市江津区青花椒综合交易市场火爆开市，首日成交量达200吨!》《重庆江津："花椒银行"，帮了大忙!》等稿件，有效助力本地特色农业高质高效发展。

广东省广州市增城区融媒体中心第二季度在人民日报新媒体客户端入驻账号发表多篇稿件，发稿内容以服务本地民生和推介荔枝、蓝花楹等本地特色为主，适应新媒体传播特点，在标题设置上巧用谐音、比喻等修辞手法，生动形象地将文章内容予以总结和传播。如《火"荔"全开！为广州增城荔枝集中上市"喝彩"》《广州增城：美荔西南！仙村镇第一届荔枝品尝会来了!》等。

河北省涿州市融媒体中心在新华社"千城百县看中国"栏目表现良好，稿件内容聚焦当地农业发展动态，弘扬当地传统文化。如《千城百县看中国｜河北涿州：水稻插秧正当时》《千城百县看中国｜河北涿州：小香菇带动大产业》《千城百县看中国｜千年古邑　河北涿州》等，充分展现了涿州市农业发展与历史底蕴兼具的地区特点，展示了当地风采。

山东省五莲县融媒体中心第二季度在人民日报新媒体平台刊发多篇稿件，结合当地对忠孝美德和质朴民风的重视，推出《山东五莲：孝德许孟》《山东五莲：以"美丽庭院"促文明乡风》等作品。同时开设"实诚五莲人"报道专题，介绍本地模范带头人物，起到了良好的舆论引导作用。

海南省定安县融媒体中心被央媒采用的稿件以报道当地重大活动为主，涉及农业生产、自然环境保护以及民生就业补助等方面。如《定安：推进机械化还田全覆盖　有效提升秸秆综合利用率》《定安开展水浮莲清理"百日大战"攻坚行动》等，积极宣传利民惠民政策，提高群众知晓率和满意度。

湖北省南漳县融媒体中心在新华社客户端"南漳融媒"账号发布多篇优质稿件。如《"三夏"时节，新麦飘香丰收忙！》《藏在深山，冯氏民居的惊艳时光！》等，利用央媒平台将南漳特色传播得更广，取得了较好的传播效果。

甘肃省环县融媒体中心第二季度生产的多篇稿件被新华社等中央媒体采用，采用稿件形式丰富，含图文、视频、漫画等，如《环县融媒原创〈漫画环县〉系列｜一路"童"行拾趣好时光》《青玉案·元夕》等，形式新颖，播发及时，满足受众对新媒体信息的需求，具有很好的示范意义。

北京市朝阳区融媒体中心与新华社等中央媒体积极合作，充分利用新华社"北京战疫直击"专栏，创作出多篇优质稿件，如新华社客户端发布《北京战疫直击丨北京公园限流开放了，走去逛逛》。利用中国青年报平台发布《护士节，听听这位 22 年护龄"老兵"的奉献心得》，从不同视角关注医护人员，取得不错的传播效果。

福建省平潭综合实验区融媒体中心第二季度央地联动表现良好，该融媒体中心在新华社客户端开设账号"平潭融媒"，借助央媒渠道优势提高了平潭声量，取得了良好的传播效果。该账号发布《端午游平潭，非遗大餐、风景如画，游客好评不断!》《叮! 你有一封"海岛情书"，请查收!》等关于当地旅游产业的稿件，积极助力平潭文旅市场发展。

湖南省长沙市岳麓区融媒体中心第二季度多篇稿件被中央媒体采用。如新华社播发《100 元数字人民币的五一消费之旅》、央视新闻播发《青年积极投身乡村振兴"大舞台"》《500 多名志愿者接力经营书店 11 年》等。岳麓区融媒体中心充分利用央媒平台，弘扬志愿者精神，传播文明新风尚，进一步提升传播效率，增强宣传效果，展示了岳麓正青春的风采。

四川省眉山市东坡区融媒体中心第二季度抓住动画片《少年苏

东坡传奇》全国首播的节点，乘势在抖音、快手、微信视频号播发近 200 条东坡文化短视频内容，其中《手艺人　守艺人 | 巧手铁汉演绎无缝织布》《听，三苏祠的古建筑会说话》《三苏祠筑巢"蚁王"被活捉》等 15 条稿件被人民日报社、新华社和中新社转载使用，取得良好的传播效果。

六、全国县融中心新媒体平台佳作

全国县融中心央媒平台佳作展示 2022年第二季度

地区	日期	标题/内容
河南省汝州市	4月7日	千城胜景丨春花烂漫映汝州
浙江省义乌市	4月3日	之江春景图丨浙江义乌千亩桃花漫山开
重庆市铜梁区	4月21日	铜梁西郊示范片获"绿水青山就是金山银山"实践创新基地
宁夏回族自治区银川市兴庆区	5月17日	宁夏兴庆区:爱心接力、循环使用,更好服务残疾人
内蒙古自治区通辽市奈曼旗	5月24日	千城百县看中国丨内蒙古奈曼旗:小锦鸡儿的大效益
天津市静海区	5月24日	内外兼修——探寻北二堡村康养文旅融合发展之路
河北省正定县	6月8日	走进县城看发展丨河北正定:古今交融气象新
湖南省浏阳市	6月11日	浏阳:寻找非遗新生"密码"
山东省济南市章丘区	6月16日	千城百县看中国丨山东:相约章丘
山西省岚县	6月24日	山西全省开发区2022年第二次"三个一批"吕梁分会场活动举行

出品:新华社新闻信息中心、新华社县级融媒体研究中心

全国县融中心微信平台佳作展示
2022年第二季度

地区	日期	标题/内容
福建省晋江市	4月21日	激动!熟悉的晋江回来了!
江苏省昆山市	4月30日	@昆山工业企业,复工复产安全生产请做到"五个一"
上海市松江区	5月16日	直击松江复商复市首日: 私家车恢复通行,理发店开门迎客,餐饮店线上销售 …… 久违的烟火气正在回归!
江苏省昆山市	5月6日	312国道昆山到苏州,畅通!
江苏省江阴市	6月24日	预警!预警!预警!刚刚紧急发布
四川省成都市高新区	6月24日	正式投用!"芙蓉岛公园"三大景区首发亮相
吉林省梅河口市	4月3日	尽锐出征 紧急集结 梅河口5000人疫情防控团队点对点驰援长春市经开区!
上海市浦东新区	5月3日	"顾客说等出门了要冲到店里,把我们抱起来转几圈!"为方便邻里,这两名员工在便利店住了40天
上海市松江区	6月2日	永远铭记!致敬三位牺牲在松江抗疫一线的"凡人英雄"
福建省厦门市海沧区	6月29日	确定了!海沧,示范区!

出品:新华社新闻信息中心、新华社县级融媒体研究中心

全国县融中心抖音平台佳作展示 2022年第二季度

地区	日期	标题/内容
江苏省江阴市	6月10日	唐山打人事件#大V说 #大V说热点 #女子被围殴事件为何引众怒
江苏省沭阳县	5月17日	有一种爱叫外婆的爱! 新娘台上哽咽发言感恩外婆, 随后和新郎一起跪谢外婆和舅舅#外婆的爱 #婚礼最感人场景
云南省弥勒市	6月14日	6月14日,山西方山。刘泽军烈士安葬仪式现场, 家属泣不成声。"弟弟,让我再看你一眼"#泪目 #向英雄致敬 #感人一幕
云南省文山市	5月10日	10岁能做五六十道家常菜,又是个别人家的孩子#热点 #真实事件 #社会百态
浙江省杭州市余杭区	4月7日	这是最可爱的小白,不接受反驳~#核酸检测 #可爱 #最萌身高差@抖音小助手
浙江省永康市	5月15日	其他班级的男生在教室里弹奏钢琴曲,同学们虽然有惊讶但也 很敬佩,没有打扰安静地听着,拍摄者表示:这一刻感觉很美好 #校园时光 (@王伯纶)
江苏省张家港市	4月29日	你永远可以相信苏州 #新闻 #苏州 #我的城市 #万众一心抗疫情 #暖心 #疫情 #新冠肺炎
山东省济南市章丘区	6月30日	庆祝香港回归25周年,香港街头震撼一幕,让无数中国人振奋 #爱国正能量 #香港回归 #爱国
浙江省义乌市	6月21日	9月1号起,家有学生的都爽了笑了!#教育 #科学育儿 #涨知识 #家长必读
西藏自治区山南市乃东区	6月28日	天灾无情,人有情;上下同心,励志行!#防汛抗洪 #洪水无情人有情 #防汛

出品:新华社新闻信息中心、新华社县级融媒体研究中心

全国县融中心快手平台佳作展示
2022年第二季度

地区	日期	标题/内容
贵州省瓮安县	6月4日	泪崩,高考即将来临,一考生收到父亲来自天堂的祝福!
江西省南丰县	6月17日	女大学生在民宿床板下发现一大笔钱,竟是涉案赃款……
甘肃省酒泉市肃州区	5月21日	全球10国报告百起确诊或疑似猴痘病例, 美专家称猴痘病毒将更具传染性 #猴痘 #病毒 #注意
云南省澄江市	6月8日	6月7日,江苏苏州,家养小喜鹊失踪几天后突然出现 在小主人所在的高考考场 #澄江观察 #万物有灵
河北省枣强县	4月15日	梦想与现实#梦想与现实
山东省五莲县	6月16日	小学生每周调换座位,一步一动,循环轮换,公平公正。 网友:建议推广!
山东省临沂市河东区	5月10日	小男孩偷带零食被老师发现,收缴现场零食种类五花八门, 宛如海关查获现场
陕西省洛川县	6月19日	#劳动#教育# 孩子 女孩凌晨四点起来干活,"我多干一点, 妈妈就少干一点"
甘肃省陇西县	6月20日	美军试射洲际核导弹,中国再次反导试验, 取得了100%的成功
吉林省梅河口市	5月14日	公交车上女子不肯戴口罩,被小伙直接推下车,你怎么看?

出品:新华社新闻信息中心、新华社县级融媒体研究中心

全国县融中心新媒体平台佳作展示
（2022 年第二季度）

新华社新闻信息中心　新华社县级融媒体研究中心出品

第四章

全国县级融媒体中心传播力影响力调研报告（2022 年第三季度）

一、全国县融中心综合影响力典型事例

江苏省江阴市融媒体中心第三季度爆款频出，累计发稿3000余条，其中，主题报道100余条，爆款330余条，累计互动量逾2400万。抖音账号"最江阴评论部"积极跟进社会热点，对河南"赋红码"事件、重庆山火灾情以及四川泸定地震等给予密切关注，播发了《龙麻子，好样的！＃迎战川渝山火的平凡英雄》《悬崖上的孤勇者＃震后挖掘机贴悬崖造出一条路＃四川泸定地震救援工作》等稿件，体现出融媒体中心社会监督和舆论引导的重要作用。

上海市浦东新区融媒体中心第三季度在公众号、抖音、快手、微博四个平台发稿总量达7800余条，爆款稿件200余条，互动总量近556万，微信公众号"浦东发布"浏览量"10万＋"稿件近30篇。除疫情防控相关信息外，积极关注与居民生活息息相关的新闻，如《浦东菜市场最新排名出炉，一起来看详情》，用表格清晰展现浦东新区各菜市场标准化程度得分。抖音账号"浦东发布"播发《上海江苏浙江安徽同步立法：社保卡将逐步跨省通用，看病、乘车一卡通》，传递百姓关注的重要信息，获得21.5万点赞。

浙江省义乌市融媒体中心第三季度发稿量、爆款量、主题报道

等方面表现突出，总发稿量达5000余条。主题报道近150条，主要集中在微信公众号"爱义乌"，内容涉及城市建设、疫情防控等，如《群众生活物资如何保障？最新回应来了》对疫情防控期间居民非常关注的物资供应问题及时回应。抖音账号"爱义乌"充分借助短视频短平快的特点，播发《四川泸定发生6.8级地震，幼儿园老师奋不顾身带着孩子往外跑》等稿件，传播热点新闻事件，与网友进行了良好互动。

云南省弥勒市融媒体中心第三季度总发稿量超6000条，互动量超1130万，爆款产出量突出，达490余条。抖音账号"弥勒市融媒体中心"结合新闻热点制造爆款，如《心疼又感动！兵哥哥熟睡时紧握钢枪不放。纵使疲惫，也牢记使命！》抓住建军节的时间节点，利用动情的背景音乐和士兵护枪画面，与受众产生良好互动，获得20余万点赞。

福建省晋江市融媒体中心第三季度整体表现良好，总发稿量超1500条，其中，主题报道近160条。微信公众号"晋江电视台"在第三季度保持突出的创作水准，月均发稿量近300篇，月均阅读量约588万，皆维持在较高水平。《刚刚！晋江一级达标高中录取分数线出炉！一中、养正、季延……》《刚刚！泉州市区普通高中招生录取线公布》《重要通知！晋江开学时间！》等稿件切中读者关心的教育升学问题，取得良好的传播效果。账号还发布假期出行提醒、停电通知等便民内容，充分体现县级融媒体中心的服务功能。

天津市西青区融媒体中心第三季度在微信公众号"天津西青"发布稿件1100余条，总阅读量逾1300万，阅读量达到"10万+"的稿件超过40条，其中关于本地防疫政策和动态的稿件取得较好传播效果。抖音账号"西青融媒"发布的《新党前主席郁慕明：台湾一定要回归祖国！》《小女孩与老师共舞。网友：被小女孩的舞姿惊艳到了！》等稿件聚焦新闻热点、满足受众期待，互动传播效果较好。

四川省洪雅县融媒体中心第三季度共发布稿件4500余条，内容生产能力强，通过挖掘本地在疫情防控、康养旅游、经济发展、项目建设、基层治理、乡村振兴等方面的新闻，展现县级融媒体中心作为新闻信息传播"最后一公里"的重要价值。7月播发"抗疫一线　你我同行"系列报道，如《破防了！今晚七里坪的夜空响起阵阵歌声……》《街头巷尾的"红马甲"　那是坚守的力量》《逆行而来　平安归去｜致敬！感恩！洪雅热烈欢送驰援医疗队》等，获得广泛关注。

北京市顺义区融媒体中心第三季度在"北京顺义"公众号、抖音、快手、微博四个平台，聚焦喜迎党的二十大、疫情防控、全国文明城区常态化创建和安全生产，共发布相关稿件2500余条。其中，"情况通报""顺顺提示""疫情防控小剧场""主播说防疫"等栏目，持续发布疫情防控相关内容。如《顺义区关于近期涉疫风险点位的提示》《@顺义市民，6日、7日常态化核酸检测临时增加9时—12时服务！重点保障在校学生、上班返岗人员采样需求》等，传播效果好，浏览量"10万+"的作品超20条，单条最高阅读量达69万，累计阅读量突破两千万。

　　河北省枣强县融媒体中心第三季度在微信、抖音、快手、微博四个平台共发布2300余条稿件，总浏览量突破8000万。微信平台及时播发本地疫情防控政策及便民服务稿件，契合社会关切。如《破"静"重圆》《疫情防控千万条　戴好口罩第一条》等，获得很高的社会关注，为该县疫情防控提供了重要的信息服务。

　　辽宁省铁岭县融媒体中心第三季度运用新华社现场云平台，联动全县兼职记者发稿，在各平台共产出稿件近17000条。稿件展示了铁岭县工业、农业、民生等领域十年来的发展和变化，全县人民喜迎党的二十大的良好风貌，以及同心抗疫的信心和决心。如"今日铁岭县"视频号发布《静下来一切都会好》等稿件，凝聚抗疫力量，给人以温暖和鼓舞。"铁岭县融媒体中心"抖音号发布《他来了 他来了 他带着喇叭走来了》等作品，生动活泼，趣味性强，成为爆款新闻。

陕西省商洛市柞水县融媒体中心第三季度发稿3600余篇。在抖音号及时播发疫情防控相关信息，"防疫小常识"系列节目为广大市民提供了科学防疫知识，得到大量点赞、转发。《老人突发疾病倒地昏迷，柞水交警紧急送医抢救脱险》记录了疫情期间的暖心故事，《疫情防控别大意！疫情期间这四种行为或将触犯刑法》《# 疫情防控 柞水县交通运输综合执法大队查扣非法营运黑车一辆》关注民生信息，取得较好宣传效果，体现了融媒体中心的责任意识。

二、全国县融中心主题报道典型事例

浙江省海宁市融媒体中心第三季度主题报道产出量突出，微信公众号"大潮网"产出主题报道近90篇。为迎接党的二十大，发布《面向海宁全市！公开征集！》等稿件，与受众展开积极互动，征集照片、书画等作品，展现海宁变化；《即将启动！海宁下个纪录将由谁来创造？拭目以待！》呼吁市民积极参与"全民健身奔共富　喜迎二十大"为主题的运动会，为党的二十大召开营造良好氛围。

上海市松江区融媒体中心第三季度发布超 100 篇主题报道稿件，积极创作"喜迎二十大"相关作品，展现松江十年变化。如微信公众号"上海松江"开设"非凡十年"专栏，播发《非凡十年丨蝶变！从城乡接合部到产城深度融合示范区，松江高品质规划建设九科绿洲》《非凡十年丨集聚长三角 G60 科创走廊沿线商务功能，展现"科技芯、世界窗"目标愿景，松江枢纽为长三角 G60 科创走廊提供战略支撑》等稿件，展现松江街道、企业、城市变化，展望松江未来发展，让民众产生自豪感与凝聚力。

福建省厦门市海沧区融媒体中心第三季度主题报道主要集中在微信公众号"今日海沧"，该平台发布的主题报道稿件超 70 篇，内容多为海沧区各界迎接党的二十大举办的相关活动，如《为时代发声！快来围观海沧这场干货满满的学习会→》介绍了"海沧新声力·理论宣讲系列活动"启动仪式；《打造廉洁文化网络阵地！厦门市委网信办重磅推出〈加强新时代清廉家风建设〉云课程》报道"厦门网信云学堂"第九季课程发布情况，用实际行动迎接党的二十大胜利召开。

贵州省毕节市七星关区融媒体中心第三季度总发稿量超 1800 条，总互动量突破 92 万，发布主题报道稿件 40 余条。微信公众号"微七星关"积极配合当地疫情防控，及时发布相关通知，播发《感谢您，每一位七星关人！》《这封信，写给每一位七星关人》等稿件，体现人文关怀，鼓舞人心。

天津市南开区融媒体中心微信公众号"和美南开"第三季度主题报道创作情况稳中有进，共发布主题报道 60 余条。该账号在 9 月推出"喜迎二十大"系列稿件，如《【喜迎二十大】天津：制造业立市　高质量发展》报道天津在工业转型升级方面进行的有益探索和努力，《【二十大代表风采】张黎明：创新使工作更快乐》弘扬二十大代表扎根一线、不断创新的优秀品质。南开融媒推出"非凡十年　奋进南开"系列海报，全景展示南开区十年来砥砺前行、开拓创新所取得的成绩，为迎接党的二十大胜利召开创造了良好舆论氛围。

江苏省常熟市融媒体中心第三季度共产出约 30 篇主题报道。播发了精心制作的集自然景观、人文风貌、历史文化于一体的城市宣传片《＃开放常熟万有引力＃常熟　开放常熟，万有引力！》，展现当地蓬勃发展的良好态势，有效促进旅游业发展和招商引资。关于"'开放常熟万有引力'城市品鉴团采风行暨创作者峰会举行"的报道《沉浸常熟魅力，激发创作活力，开放常熟万有引力峰会创作者齐聚常熟，记录美好常熟！#开放常熟万有引力》，介绍了常熟发挥自媒体在讲好常熟故事、向全世界展示"常熟引力"中的重要作用。

上海市普陀区融媒体中心第三季度共产出主题报道近50条。微信公众号"上海普陀"7月配合疫情防控，向民众传递普陀区积极防疫的情况，缓解民众焦虑心情。《再见，大渡河路"煤气包"!》一稿，及时更新大渡河路1912号干式气柜拆除工程进度，让民众感受到"上海速度"。

四川省宣汉县融媒体中心微信公众号"宣汉发布"第三季度共发布1800余条稿件。宣汉县融媒体中心派出专门团队，前往北京、广州、上海、重庆、成都等地，采访宣汉籍在外优秀工作人员，编发系列融媒报道《宣汉人在他乡》，讲述宣汉故事，传播宣汉声音，树立宣汉形象，提升宣汉融媒的传播力和影响力，收到良好效果。

北京市怀柔区融媒体中心微信公众号"怀柔融媒"第三季度共发布1000余条稿件，总阅读量150余万。怀柔融媒立足本土特色，推出《文明"星"推官》《行走的文明》《精神文明建设大家谈》《有奖话创城》等系列稿件，掀起全民参与创城的热潮，获得市民广泛好评。为迎接党的二十大胜利召开，怀柔融媒结合时政热点，开设《喜迎二十大　奋进新征程》专栏，召集怀柔广大党员干部，用铿锵有力的誓言和掷地有声的承诺，诠释共产党员的责任与担当，奋力谱写怀柔新篇章。

北京市延庆区融媒体中心为迎接党的二十大胜利召开，全方位、多角度展示十年来延庆在经济社会发展方面取得的不凡业绩和发展成就，播发《延庆这十年　喜迎党的二十大丨医疗卫生："医"路阔步前行　当好健康"卫"士》《延庆这十年　喜迎党的二十大丨擦亮三张金名片　把诗与远方写入绿水青山~》等稿件，群众反响强烈，展现区融媒体中心作为信息传播"最后一公里"的重要社会价值。

江西省南昌市青山湖区融媒体中心第三季度共产出80余条主题报道稿件。微信公众号"南昌青山湖"发布《点燃消费热情　助力实体经济——2022年青山湖区夏季消费节活动圆满落幕》《2022南昌现代针纺产业发展大会召开》《织起千亿"智造"产业梦——青山湖区现代针纺产业发展纪实》等稿件，全面展示青山湖区各单位、各部门抓实抓好重点工作，实现高质量跨越式发展的攻坚成果。

江西省石城县融媒体中心第三季度共产出近 80 条主题报道，如《感动石城教育年度人物》《乡村振兴担当好支书》系列报道，介绍为石城教育、乡村振兴作出贡献的先进典型，选取群众身边的人和事，将教育民生、乡村发展重大主题，与石城本地紧密联系起来，使报道更具吸引力和关注度。

山西省孝义市融媒体中心微信公众号"孝义融媒"共产出 90 余条主题报道，内容涉及经济建设、文明城市创建和基层治理等。如《鹏飞集团氢燃料电池汽车制造项目奠基开工》《合格氢气出炉 鹏飞鹏湾氢港氢能产业园项目一期投产》《吕梁第一辆氢能重卡完成氢气加注》等稿件，报道孝义积极发展氢能产业，降碳减排，实现本地化工企业蓄势腾飞的成果，取得良好的传播效果。

陕西省汉中市佛坪县融媒体中心第三季度共产出 100 余条主题报道，许多稿件涉及自然生态和野生动物，如《秦岭大熊猫在汉中佛坪有了"新家"》《难得一见的野生大熊猫野外活动影像》《野生动物频频亮相：佛坪羚牛下山河道嬉水》《"爱情鸟"朱鹮的神仙恋情，你慕了吗?》《陕西佛坪：邂逅秦岭生灵 尽享自然静美》《金丝猴的互动时光》等，这些稿件被中国经济周刊网、"学习强国"学习平台等央媒平台采用，充分展现了佛坪良好的自然生态以及人与自然和谐共处的美好画卷，也反映出佛坪干群自觉践行"绿水青山就是金山银山"的发展理念。

三、全国县融中心爆款创作典型事例

云南省澄江市融媒体中心第三季度发稿近 8700 篇，互动总量近 550 万，爆款稿件超 120 条。快手账号"澄江融媒"爆款产出率高，抓住受众兴趣点，对各地热点新闻进行二次加工。如《近日，广东，男子下班回到出租屋看到温馨的一幕》讲述男子下班回家看到热腾腾的饭菜瞬间感动，获得点赞量超 17 万，《8 月 24 日，吉林，去世多年的姥爷，给小时候的自己装的门把手，一份专属的爱》展现浓浓的爷孙情，获得点赞量超 11 万。

浙江省杭州市余杭区融媒体中心第三季度共产出爆款稿件 70 余条，主要集中在微信、抖音两大平台。微信公众号"天天看余杭"发布的内容服务性较强，如《余杭此地要拆了！征迁计划出炉，17 个项目，涉及 14 个村……》《刚刚，余杭实施人工增雨！现场视频来了，你那里下雨了吗？》等。抖音账号"看余杭"既关注各地热点，也发布杭州本地新闻，如《惊艳！钱塘江偶现"交叉潮"！#自然现象（来源：@潮时代、@Dong 视界)》用短视频展现钱塘江的奇特自然景象，取得良好播出效果。

甘肃省陇西县融媒体中心第三季度累计产出爆款稿件 90 余条，互动总量约 210 万。快手账号"陇西融媒"发布的"主播说防疫"系列作品，每条稿件都以醒目的文字内容和统一的蓝色背景，形成独特风格，增强受众记忆点，使防疫政策更加深入人心，如《主播说防疫：佩戴口罩，守护健康！》等。

北京市大兴区融媒体中心第三季度共发布稿件 4400 余篇，产出爆款稿件 80 余条，互动总量近 75 万，8 月爆款产出量明显上升，创作优质爆款作品近 40 条。快手账号"北京大兴"发布的短视频多采用红色背景、文字概述，以及能够调动受众情绪的背景音乐，形成独特风格，有利于传播，如《北京新增确诊病例风险点位公布：涉地铁 7 号线等地》等。内容上除疫情防控外，还涉及城市发展等，如《大兴向世界邀约》一稿中，大兴区区长亲自推介大兴，欢迎各界来大兴投资，取得不错效果。

浙江省永康市融媒体中心第三季度产出爆款稿件近 60 条，互动总量超 883 万，主要集中在抖音平台。抖音账号"永康人"结合社会热点，对热门视频进行转发，用醒目字体概括视频主要内容，如《跳水救人小哥后续，落水小孩家长上门致谢》讲述小哥跳水救人、见义勇为的英雄事迹，以及被救者家人知恩图报，上门感谢的感恩行为，弘扬社会正能量。

重庆市南岸区融媒体中心第三季度重点围绕 CUBA 全国大学生篮球联赛总决赛开展报道，主动对接新华社等中央媒体，每场比赛均由南岸区融媒体中心和新华社联合现场报道，增强了赛事的吸引力和影响力。全网赛事相关的阅读点击讨论量突破 12 亿人次，重点场次热搜话题讨论量超 3.2 亿，登上微博热搜全国第二名；南岸区融媒体中心发布推送和短视频报道 300 多条，抖音账号仅用 3 天实现粉丝数翻三番，3500 万人次观看赛事直播，引发全国广泛关注和热烈讨论，为南岸的城市形象加分添彩，有力提升了南岸区的知名度、美誉度。

江苏省张家港市融媒体中心第三季度借央视中秋晚会在张家港录制的契机，在央视多个频道以及新华社、人民网等各大央媒平台，陆续播发《2022 年央视中秋晚会与您相约苏州张家港》《跟随张家港市市长的步伐走进这座城，共度中秋佳节!》《2022 年总台

中秋晚会 科技创新点亮浪漫月夜》等相关稿件 30 余篇。其中,《张家港市人民政府市长向全球发出邀约》成为网络传播爆款,平台播放量超 1.2 亿,带动张家港"出圈",城市美誉度得到进一步提升。

福建省莆田市荔城区融媒体中心第三季度围绕喜迎党的二十大暨区庆二十周年,在多个平台同步推出系列融媒体作品《今天,荔城建区 20 周年,一起送出祝福!》《木兰溪治理赞》《春启今朝逐梦行》等作品,融合图文、短视频、H5、海报等多种形式,以小切口反映大主题,阅读量超 500 万人次,网友纷纷留言祝福,实现主流舆论的广泛传播。

山东省巨野县融媒体中心第三季度聚焦本地高质量发展、疫情防控、美德山东等主题,进行宣传报道,取得良好传播效果。其中,快手账号"巨野县融媒体中心"发布《一男子掉进河里,雷锋路过救援成功》,报道巨野县雷锋救援队队员卜令华、卜祥敏勇救落水老人的英雄事迹,弘扬了正能量,播放量达 378.2 万。

重庆市九龙坡区融媒体中心第三季度播发短视频 380 余条,浏览量达 4350 万,其中《重庆隆鑫通用驰援北碚山火,企业担当,骑士精神!》报道了近 30 名志愿者驾驶全地形越野车和摩托车,组成车队驰援北碚山火的新闻,展示人们面对灾难的勇气与爱心,视频激情澎湃，很有感染力，抖音平台总浏览量破 2000 万，点赞量达 70 万。

上海市奉贤区融媒体中心第三季度创作出不少优质爆款内容，积极策划创作党的二十大宣传报道，以及城市规划、疫情防控、天气预警等民生服务相关内容。微信公众号"上海奉贤"第三季度创作出 150 余条爆款稿件，着力宣传报道"行走的奉贤"街镇主题日活动，介绍奉贤区内各街镇产业发展、景点打造、乡村治理等，呈现各乡镇的十年变化和非凡成就，如《这里是古镇，不仅仅是古镇——"行走的奉贤"街镇主题日媒体宣传活动青村镇专场》等。同时也积极宣传"高质量发展我来讲""高品质生活我来讲""高效能治理我来讲"宣讲微视频比赛，发布比赛投票推送，鼓励民众积极参与，如《"高质量发展我来讲"，你来投！》等。

四、全国县融中心互动传播典型事例

青海省乌兰县融媒体中心第三季度互动量上涨速度较为显著，第三季度各月份的互动总量不断攀升。抖音账号"乌兰发布"9 月 30 日播发的作品《缅怀烈士，致敬英雄！祖国不会忘记，人民不会忘记。今天，我们一起缅怀张海军烈士，致敬英雄!》关注本地重大事件，缅怀戍边英雄张海军，引发受众共情，单条点赞量达9.4万，取得良好的传播效果。

河南省项城市融媒体中心第三季度持续优化创新、各平台发稿总量超3200条，总互动量突破505万。抖音、快手账号在报道社会热点的同时传递正能量。如抖音账号"项城融媒"发布《四川泸定突发6.8级地震，女幼师飞奔守护学生，网友：她们第一时间想到的是孩子!》《感动又心疼!! 消防员灭火后就地休息，一个鸡蛋掰成两半两人吃，让人破防!!》等。

上海市青浦区融媒体中心第三季度总发稿量达7600余条，微博、微信、抖音、快手四个平台互动表现均衡。微信公众号"绿色青浦"积极传递民生信息，如《青浦这个地铁商业综合体明天试营业啦～一大波"首店"等你来解锁→》介绍上海天空万科广场，向民众推介了休闲娱乐新去处。《青浦这所公办高中迁建项目计划年底竣工》利用图文形式，清晰呈现东湖中学的施工进度，回应民众关切。

云南省宣威市融媒体中心第三季度互动总量达260余万，抖音账号"宣威融媒"播发《一导游大巴车上批评游客花钱少! 旅行社：

停职罚款 2000 元，已拉黑名单》等稿件，积极发挥舆论监督作用。9 月，由于当地出现疫情，微信公众号"宣威发布"及时播发防疫进展和通知公告等内容，获得广泛关注，阅读量近 21 万，较 7、8 月有明显提升。

甘肃省平凉市崆峒区融媒体中心微信公众号"崆峒发布"第三季度阅读量逾 130 万。抖音账号"崆峒融媒"发布《奶奶出门没拿钥匙　竟然开始在门下挖起"地道"》《9 月 9 日下午，平凉城区冰雹过后，个人文明一小步，城市文明一大步，向这位市民学习、敬礼!》等作品，着眼民众日常生活，具有很强的地域贴近性。

新疆维吾尔自治区乌苏市融媒体中心第三季度互动总量超 150 万，8 月表现尤为突出。抖音账号"乌苏市融媒体中心"利用短视频形式对新疆新闻进行编创，展现新疆别样风光，如《世界濒危物种伊犁鼠兔现身新疆天山》《你还在热浪里挣扎吗？新疆阿勒泰已经下雪了》等。

黑龙江省铁力市融媒体中心第三季度互动表现逐步提升，微信公众号"关注铁力" 9 月的阅读量明显上升，超 79 万。除疫情防控内容外，也关注文明城市建设、家乡青年才俊等重点内容，如微信公众号"关注铁力"发布《铁力姑娘王艺竹再次为国出征　助力家乡排球事业更好发展》《【创文在行动】您有一封关于积极参与"文明城市创建周"活动的倡议书，请查收!》等。

广东省肇庆市高要区融媒体中心微信公众号"高要发布"第三季度有 12 条推送点击量超 1 万，2 条推送点击量超 10 万。公众号开设"喜迎二十大""非凡十年""庆丰收　迎盛会"等专栏，充分报道高要区各部门、各行业以优异成绩和昂扬精神风貌迎接党的二十大的实际行动，反映广大干部群众对党的二十大胜利召开的热切期盼。

湖北省赤壁市融媒体中心微信公众号"赤壁电视台"第三季度保持良好的内容创作能力，充分服务百姓生活。如《赤壁市购房补贴细则发布! 申请条件和流程来了!》《注意! 城区交通秩序专项整治行动即将开始，重点整治……》《免费! 赤壁将为 10 万余名适龄妇女筛查宫颈癌》等稿件，发布的都是市民非常关心的内容，贴近性强，受众关注度很高。公众号还定期发布问政回复情况，如《【问政】违规停车、异地就医、噪音扰民、小学生课后服务……你最关心的问题都在这里!》《【问政】这些部门及时回复网民诉求，为他们点赞!》等，高效回应网民关切问题和诉求，充分体现赤壁市融媒体中心"新闻＋政务"服务的有效探索和实践。

江苏省南京市江宁区融媒体中心创新政务宣传新形式，打造政务宣传"新主角"，传播指尖"政"能量，宣传主题覆盖较为全面，"江宁发布"视频号第三季度阅读量超 200 万，内容涵盖"奋进新征程　建功新时代——喜迎二十大"主题宣传、基层奋斗者、青年创业者、江宁这十年、礼赞新时代、高温下的坚守、疫线"烤"验、非遗文化等。如《江宁"炎"值——守护天空"蓝"》展示人民子弟兵风貌，《一"琪"看发展——遇"稻"湖熟》突出乡村振兴发展，《核酸"风云"》为疫情类创意短视频，阅读量均超 10 万。

五、全国县融中心央地联动典型事例

广东省广州市增城区融媒体中心第三季度在央媒的发稿数量呈递增趋势。发稿内容涉及乡村振兴、粮食安全、直播带货等方面。如《广州增城：召集青春力量，开启农产品直播带货新模式》《广州增城：无人机播种、精量穴直播……近 10 项水稻智能机械化种植新技术集中亮相》等，向全国受众展现了当地农业生产、销售等环节的现代化水平。

海南省琼海市融媒体中心第三季度在新华社客户端发布《海南

琼海贴心护送 温暖旅客回家路》《海南琼海首批 307 名滞留自驾旅客启程返乡》《温暖守护回家路——海南琼海滞留游客返程服务专班工作纪实》等稿件，充分报道了琼海为保障因疫情滞留琼海的外地旅客安全、有序返程，而付出的巨大努力和作出的细致安排，对提升琼海形象，促进琼海旅游业发展有重要意义。

河北省涿州市融媒体中心第三季度延续其在新华社"千城百县看中国"栏目中的良好表现，共 10 余条稿件被该栏目采用。如《千城百县看中国丨河北涿州：葡萄增产 农民增收》《千城百县看中国丨河北涿州：巧手勾勒鼻烟壶内画》等，稿件内容富有当地特色，使受众充分领略当地农业发展之快及传统技艺之美。

福建省宁德市蕉城区融媒体中心第三季度有 30 余篇稿件被央媒采用。如《2022 中国农民丰收节·蕉城分会场宁德大黄鱼捕捞季暨京东农特产购物节活动正式启动》《"干部长才干、群众得实惠、乡村添活力" 宁德市蕉城区年轻干部"四下基层"实践活动启动》等。对蕉城区政务实践、特产销售等活动进行了充分报道，提升了当地的影响力和美誉度。

贵州省瓮安县融媒体中心第三季度结合当地农业发展特点，直击李子、青椒、烤烟等多种作物丰收现场，有多篇稿件被央媒采用。如《贵州瓮安：蜂糖李"甜蜜"上市》《贵州省瓮安县千余亩青椒喜获丰收》《贵州瓮安：6.5万担烤烟迎来收购》等稿件，有效助力本地特色农业高质高效发展。

内蒙古自治区鄂尔多斯市伊金霍洛旗融媒体中心第三季度在人民日报客户端发布《2022"打卡中国·最美地标——你好，内蒙古"网络国际传播活动走进伊金霍洛旗》，在新华社客户端发布《声视讯蒙丨百年珠拉格那达慕：草原上的夏日盛会》，充分展示当地民风民情，介绍当地贯彻"生态优先　绿色发展"的理念，向受众展现民风淳朴、欣欣向荣的伊金霍洛旗。

山西省右玉县融媒体中心第三季度多篇稿件被新华社采用。如新华网刊发反映右玉县多措并举推动新农村建设的稿件《朔州市右玉县推动"乡村振兴万人计划"走深走实》《朔州市右玉县创新工作机制　打造基层治理新格局》《朔州市右玉县以"六事"工作法推动农村集体资产"清化收"工作》。新华社客户端播发系列融微剧《右玉精神中的廉洁故事》。右玉县融媒体中心还利用新华社现场云进行《本草药右玉中医药产业基地项目签约仪式》直播，推动右玉高质量发展，积极弘扬"全心全意为人民服务、迎难而上、艰苦奋斗，久久为功、利在长远"的"右玉精神"，充分宣传推介右玉县。

辽宁省康平县融媒体中心第三季度多篇稿件被新华社客户端、农民日报等央媒采用。如《辽宁康平真抓实干 经济运行持续向好》反映当地以解决问题、破解难题、促进发展作为出发点和落脚点，在项目建设、民生保障、乡村振兴上出实招、见实效；《辽宁康平奋力谱写农业发展"三部曲"》报道康平县实施"产业富民、品牌兴农"战略，通过加强耕地保护、打造特色产业集群、完善农业产业链条，谱写出农业发展绿色化、品牌化、数字化"三部曲"，康平县融媒体中心借助央媒渠道让全国人民了解到康平县取得的成绩和实效，对外更好地宣传推介了康平，取得良好的传播效果。

贵州省石阡县融媒体中心第三季度播发的稿件被新华网等央媒采用，如《电商助力石阡苔茶走出大山》《石阡：抓好夏秋茶加工 提高茶叶下树率》等稿件，介绍作为"国家地理标志产品"的石阡苔茶在电商助力下更好地走出大山，是当地农户脱贫致富的典型案例。石阡利用央媒平台影响力，增强苔茶网络曝光度，有效解决苔茶品牌知名度低、市场覆盖面窄的问题，对当地乡村振兴有较强助推作用。

山东省枣庄市薛城区融媒体中心第三季度聚焦乡村振兴、农业丰收、生态保护等主题，多篇稿件被新华社客户端"千城百县看中国"栏目采用，如《山东枣庄：走进铁道游击队纪念馆》《山东：大暑节气，到枣庄去喝一碗羊肉汤！》《山东枣庄：无人机"飞防"作业　保障秋收增产丰收》《山东枣庄：田园生态美　白鹭入画来》《山东枣庄：石榴满枝话丰收》等，作品点击量均超100万，借助央媒渠道优势提高本地声量，取得良好传播效果。

广东省东莞市虎门融媒体中心通过参与新华社发起的栏目稿件征集活动，播发了《千城百县看中国｜广东：东莞虎门2022第二届粤港澳大湾区集邮展览》《千城百县看中国｜广东：虎门开渔》等反映当地经济生活的稿件，以及《千城百县看中国｜广东虎门："节马传说"忠义精神生生不息》等反映中国历史和中国优秀传统文化的稿件，取得了良好的传播效果。《千城百县看中国｜广东：虎门开渔》用视频真实记录了虎门渔民在开渔节前后的劳动场面，透过画面向受众传递出人们喜悦的情感和对美好生活的憧憬。该稿件被新华社客户端要闻区选用，浏览量超百万。

黑龙江省延寿县融媒体中心第三季度被中央媒体采用12条稿件。中宣部"学习强国"学习平台播发《黑龙江延寿：绿水青山铺就致富路，富农产业结出"金豆子"》，新华财经播发《黑龙江"延寿大米"品牌价值首次突破百亿元大关》，央视频播发《黑龙江省延寿县：网格治理通"脉络" 乡村振兴正当时》，中央广电总台国际在线播发《黑龙江省延寿县："广场舞""太极拳"搅热"全民健身日"》等稿件。延寿县充分利用央媒平台，全面反映当地发展绿色农业、实现脱贫攻坚成果和乡村振兴有效衔接，以及发展康养旅游产业、掀起全民健身热潮的喜人景象，进一步提升传播效率，增强宣传效果。

六、全国县融中心新媒体平台佳作

全国县融中心央媒平台佳作展示
2022年第三季度

地区	日期	采用媒体	标题/内容
广西壮族自治区南丹县	7月14日	央广网	广西河池:以赛践学 传承优秀艺术文化
福建省晋江市	7月21日	新华社	千城百县看中国丨福建晋江:最爱一方红砖雕
广西壮族自治区平南县	7月27日	人民网	黄皮果丰收了
山东省临沂市河东区	8月1日	新华社	千城百县看中国丨山东临沂:电影博物馆
新疆维吾尔自治区疏勒县	8月22日	央广网	疏勒县:助推农产品"出村进城"走上电商销售"快车道"
北京市东城区	9月15日	新华社	大城小事丨老街坊以花"汇"友,老胡同"美美与共"
四川省眉山市东坡区	9月20日	新华社	永远丰收!眉山东坡"庆丰收"原创MV上线
上海市普陀区	9月21日	人民网	[非凡十年]铁路支线变身"空中花园""3K"展廊串起历史与现实
重庆市綦江区	9月23日	人民日报客户端	金穗卷起千层浪 秋收美景入画来
新疆维吾尔自治区沙雅县	9月26日	中新网、环球网	"阿克苏好地方·非遗之美"《苇编制作技艺》

出品:新华社新闻信息中心、新华社县级融媒体研究中心

全国县融中心微信平台佳作展示 2022年第三季度

地区	日期	标题/内容
浙江省义乌市	8月19日	这温暖，很义乌!
贵州省毕节市七星关区	9月19日	健康码变色!别慌,点这里→
四川省成都市高新区	9月11日	《成都高新区居家生活指南》请查收!
上海市浦东新区	9月9日	好消息!上海长征医院浦东新院将在2024年投入使用
湖南省浏阳市	7月28日	已明确!这笔钱要发放到位,每人每月不低于150元
内蒙古自治区鄂尔多斯市东胜区	9月28日	祖国万岁!东胜儿女这场升国旗仪式激情澎湃!
北京市海淀区	7月5日	北京中考成绩发布!655分以上海淀区最多!
四川省成都市双流区	9月2日	@双流市民,这些电话可以帮到您!
上海市浦东新区	8月5日	未来南通至浦东约1小时可直达! 沪通铁路太仓至四团段全线开工
江苏省江阴市	7月12日	江阴这对双胞胎,双双清华!

出品：新华社新闻信息中心、新华社县级融媒体研究中心

全国县融中心抖音平台佳作展示
2022年第三季度

地区	日期	标题/内容
江苏省江阴市	8月25日	重庆山火灭了!川渝爷们燃了! #救援山火的青年力量 #山火
江苏省沭阳县	9月30日	妈妈记录孩子写作业的过程,虽然只有三根手指,也在努力书写未来#加油少年 未来可期#宝贝真棒@董安文
浙江省杭州市余杭区	7月13日	#广西男子劝阻小孩下水,口音也太萌了 #广西南普(来源:@距你两百米)
甘肃省环县	9月8日	泸定救援人员的脚底,此刻只剩下心疼! #四川泸定地震救援工作
浙江省海宁市	8月15日	8月14日新疆伊犁姐姐是防疫志愿者 弟弟是森林消防员 姐弟二人在春节后第一相见!#暖心 #疫情 #正能量
云南省文山市	7月14日	这大概就是亲情的意义#社会百态 #正能量 #感人瞬间 #亲情#热点(来源:@拾墨)
重庆市江津区	8月16日	英雄的家人 我们来守护!入户道路改造升级 让蒋正全家属走上"舒心路"#蒋正全 #英雄家人 #舒心路 #守护
重庆市铜梁区	8月25日	"我是党员我先上!""山再高也要把物资背上去!" #救援山火的青年力量 #致敬消防英雄 #救援现场@人民日报 @央视新闻
云南省景洪市	7月6日	云南一高校军训防爆演练,教官们逼真演绎"悍匪", 学生们躲在盾牌后瑟瑟发抖
浙江省永康市	7月15日	7月15日,歌手在演出时卡点停顿, 一孩子竟唱出这句话

出品:新华社新闻信息中心、新华社县级融媒体研究中心

全国县融中心快手平台佳作展示
2022年第三季度

地区	日期	标题/内容
云南省澄江市	8月27日	近日，云南红河，女生拍视频对比，开学前在家与开学后到校的反差 #澄江观察
甘肃省酒泉市肃州区	7月9日	三名小学生相约到水库游泳，同学苦劝无果打119报警#资讯 #醉美肃州
山东省五莲县	8月10日	嫂子正好是小叔子班主任，小叔子一个不小心饭桌秒变课堂！
河北省枣强县	9月11日	#上海公司给离职员工发中秋礼物 网友:别拦着我 我也要去
江西省南丰县	7月1日	一群人站在水闸前捕鱼，宛如御剑飞行,网友:这里的鱼是犯了什么天条吗
陕西省洛川县	9月23日	#师生 #观点 #课堂 老师与学生疯狂讨论
云南省弥勒市	9月27日	9月25日,湖南。军训休息期间，00后女生展示舞蹈惊艳全场。#军训 #这大概就是青春的样子
河北省涿州市	9月2日	你被"胖妞"萌到了吗?#运20
吉林省梅河口市	8月6日	被他们暖到了!祝徐同学前程似锦 未来可期!
北京市海淀区	9月21日	女子晕倒 路人接力3分钟心肺复苏:轮流跪地救人至120赶到

出品：新华社新闻信息中心、新华社县级融媒体研究中心

全国县融中心新媒体平台佳作展示
（2022 年第三季度）

新华社新闻信息中心　新华社县级融媒体研究中心出品

第五章

全国县级融媒体中心传播力
影响力调研报告（2022年第四季度）

一、全国县融中心综合影响力典型事例

浙江省义乌市融媒体中心第四季度综合表现突出，在运营力度投入、优质内容产出及受众互动性等方面均有亮眼表现。义乌市融媒体中心第四季度发稿量达 6400 余条，互动总量达 7600 余万，共产出爆款 580 余条、主题报道 60 余条。微信公众号"爱义乌"涉及内容广泛，回应百姓关切，传播社会正能量，如原创图文报道《义乌药企开足马力，保障……》《义乌"优化"首日！现场直击→》等。为迎接党的二十大胜利召开，推出《@义乌人，来写下你的心愿!》《共同富裕示范区建设情况如何？长三角一体化发展怎样推进？浙江代表团新闻发言人答问实录》等内容策划，为党的二十大胜利召开营造热烈氛围。

云南省文山市融媒体中心第四季度共创作爆款 350 余篇，微博、微信、抖音、快手四平台互动总量达 3800 余万。为迎接党的二十大胜利召开，微信公众号"非常文山"开设"二十大时光"专栏，宣传报道文山市非凡十年建设变化、党的二十大代表风采、学习党的二十大报告等内容。此外，充分发挥短视频的互动优势，制作出大量爆款短视频，如抖音账号"非常文山"11月发布《少年强则

国强！# 醉拳 # 留守儿童 # 乡村教师 # 正能量　视频来源 @ 欧阳教练精武武术》关注乡村教育和留守儿童，助力地方教育事业发展。

广东省广州市增城区融媒体中心第四季度发稿总量近 2000 条，产出爆款约 100 条。微信公众号"增城区融媒体中心"主题报道贴合受众生活需求，充分发挥融媒体中心综合服务平台功能，如《增城 9 家药房免费派送退烧药！领取方式→》《增城区发布市民防疫明白卡!》等。在党的二十大胜利召开之际，掀起了学习贯彻党的二十大精神热潮，推出《增城掀起学习宣传贯彻党的二十大精神热潮》系列文章。此外，增城区融媒体中心本季度在央媒平台发稿总量近 120 条，报道重点围绕城市建设和农业发展，如《广州增城：推动"门前三包"落地见效！宁西街"最美商铺出炉"!》等文章，获得广泛关注。

上海市浦东新区融媒体中心第四季度共发稿 7100 余篇，产出爆款内容 230 余条。微信公众号"浦东发布"围绕重大主题，开设特色专栏，精准聚焦本地发展成就，如《【非凡十年·奋进浦东】浦东三级医院数量不断增多，还有一批正在建设，全力为市民提供更好服务》，从小视角切入，呈现非凡十年中浦东的发展。此外，浦东新区融媒体中心利用微博平台提问功能，进行上海话、生活常识等内容普及，与微博受众产生积极互动。如微博账号"浦东发布"发布《#上海话八级考试#上海话"磨洋工"的意思是?》，激发受众讨论热情，互动量超过 2 万。

山东省五莲县融媒体中心第四季度发稿总量 3500 余条，产出爆款 230 余条，内容集中发布在快手平台，关注当地民生民情和社会正能量事件，如《女孩 4 岁时爸爸不幸离世，爸爸的 35 位战友成为"兵爸爸"，抚养女孩长大，组团送她去上大学，#终生难忘战友情#暖心#暖心正能量》《网友：最好的亲子关系》等，大力弘扬主流价值观，实现温度和深度兼具的传播效果，体现出县级融媒体中心在县域新闻报道与舆论引导方面的重要作用。

广东省广州市番禺区融媒体中心第四季度发稿总量为 3600 余条。在微信公众号累计发布主题报道 130 余条，积极报道与百姓生活息息相关的新闻，以疫情通告和天气变动等服务类信息为主，如《广州最新通报，涉三区》《最低 12℃！冷空气强势"暴击"广东，番禺最低气温出现在……》等，贴近当地情况，传递百姓关注的重要信息，发挥融媒体中心综合服务平台功能。

河南省宝丰县融媒体中心第四季度在"云上宝丰"客户端、"宝丰发布"微信公众号、视频号及"宝丰融媒"抖音号等平台，聚焦学习宣传贯彻党的二十大精神、疫情防控、经济发展、乡村振兴等方面，共发布稿件4100余条。其中，20余条新闻稿件及短视频浏览量达10万+，充分展现了县级融媒体中心的"新闻力量"。《疫情防控我们在行动》《主播说防疫》等专题专栏持续关注发布疫情防控相关内容，普及科学防疫知识，《市民请放心　我县物资供应量足价稳》《疫情防控别大意　返乡报备看这里！》《主播说防疫：没有感染者，为什么也要做核酸检测》等稿件，获得了社会广泛关注，为该县疫情防控提供了重要信息服务保障。

江苏省靖江市融媒体中心视频号"今靖江"紧紧围绕党的二十大胜利召开这一重大主题，生产200余条原创短视频。《大美乡村行·新农村我代言》《新地标　我打卡》等系列短视频以点带面生动展现党的十八大以来，靖江各项事业取得的历史性成就、发生的历史性变革；党的二十大胜利召开后，"今靖江"视频号又发布了《七讲七学》《新思想少年说》《奋楫扬帆争上游·一把手访谈》《深入学习贯彻二十大精神　融媒记者蹲点调研采访行动》等系列短视频，展示了靖江学习贯彻党的二十大精神的浓厚氛围。《大美乡村行·新农村我代言》邀请20位村支书以第一视角拍摄VLOG展示乡村变化、发展特色，累计播放量超过100万，同时通过视频号开设直播间，助力乡村振兴，销售特色农副产品，累计助力农户创收增收近50多万元，带动当地百姓脱贫致富。

云南省个旧市融媒体中心第四季度在微信、抖音、客户端、微博等平台发稿总量达5400余条，累计互动总量达470余万，微信公众号"锡都个旧"产出110余篇爆款文章。《240位白衣天使驰援个旧，携手的温度，是最暖的回忆》《个旧这个村成了"颜值担当"!》《让群众切实感受到平安守护就在身边》等稿件和短视频聚焦社会热点、回应民生关切，获得了较好的传播效果。个旧市融媒体中心利用媒体矩阵和直播带货等方式，推广本土特色产品，助力乡村振兴，打造"百姓擂台搏击赛"城市IP，实现"线上+线下"媒体流量、产品形象共同变现，形成融媒影响力与产业发展相互促进的良性循环。

福建省平潭综合实验区融媒体中心第四季度共产出1800余条主题报道，内容涉及"学习宣传贯彻党的二十大精神""常态化疫情防控"等主题，持续壮大主流声音。推出重点策划"新时代　新征程　新伟业——学习贯彻党的二十大精神岚岛行""千年一遇　平潭浪涌"等大型全媒体采访行动，充分展现广大干部群众学习贯彻党的二十大精神的典型做法，围绕经济、文旅、生态等主题推出相关新闻产品 860 余条，营造了良好的舆论氛围。"防疫有疑问，记者帮你问""个人防疫总攻略"等专栏全面、暖心做好疫情防控宣传报道，累计刊发稿件 1000 余篇，其中《记者帮你问｜普通群众去哪里买抗原检测试剂？如何使用?》等重点稿件的发布，增强了群众抗击疫情的信心。

二、全国县融中心主题报道典型事例

湖南省浏阳市融媒体中心第四季度主题报道集中在微信公众号"微浏阳"，该平台发布主题报道稿件约 110 篇，内容聚焦当地基建计划、疫情动态及本地热点事件，充分发挥融媒体中心引导群众、服务群众的重要作用。如《长赣高铁今日开工！浏阳迎来高铁时代!》报道长赣高铁湖南段开工建设动员大会，介绍长赣高铁浏阳段及浏阳站建设计划;《这件事，真暖!》讲述疫情期间医生上门为患者拆线的暖心故事，弘扬社会正能量;《退热药品、新冠病毒抗原检测试剂免费发放!》为市民提供免费药物领取指南，体现人文关怀。

重庆市永川区融媒体中心第四季度主题报道稳中有进，其微信公众号"永川发布"表现较突出，共产出主题报道 140 余篇。围绕学习宣传贯彻党的二十大精神设置"学报告·谈体会"专题栏目，邀请本地区各镇街负责人谈学习党的二十大报告心得体会，结合实际，提出贯彻落实思路和举措，如《阔步新征程 展现新作为 书写新篇章——永川区镇街负责人学报告谈体会（一）》等；同时充分发挥融媒体中心综合服务功能，及时发布便民服务信息，如《你关心的新冠疫苗第四针来啦！附永川区接种门诊信息一览表》及时向受众传达新冠疫苗第四针接种实施方案及当地门诊信息，方便市民及时接种。《108 种！官方发布新冠感染者用药目录（第一版）》公布本轮疫情用药方案，指导民众科学合理购药、用药，收到良好传播效果。

福建省晋江市融媒体中心微信公众号"晋江电视台"在主题报道方面稳定发挥，共产出主题报道稿件 130 余篇，充分展现晋江学习、宣传、贯彻、落实党的二十大精神的热潮，开设"二十大时光"专栏，展现本地区各行各业发展变化，如《二十大时光丨推动晋江文化繁荣 提升城市软实力》讲述晋江弘扬优秀文化的多方面举措；此外还发布本地热点和各类便民信息，如《重磅！国家优化落实疫情防控"新十条"来了！》将国家疫情防控最新规定及时传达落地，体现了其信息传播"最后一公里"的重要作用;《即将停电！涉及陈埭、池店、安海、东石、金井、龙湖……》发布辖区内停电信息，充分发挥县级融媒体中心的便民服务功能，获得市民的好评。

内蒙古自治区鄂尔多斯市东胜区融媒体中心第四季度发稿总量超1300条，共产出130余条主题报道，均发布在微信公众号"东胜发布"上。为迎接党的二十大胜利召开，推出"奋进新征程 建功新时代"专栏，发布《党旗引领风帆劲——东胜区全面推进党的建设工作综述》《东胜区：产业绿色转型升级 高质量发展步履铿锵》等文章，充分展现本地区各行各业建设发展的积极态势。

贵州省毕节市七星关区融媒体中心第四季度深耕微信公众号建设，账号"微七星关"发布主题报道近120篇。聚焦当地城市基础建设及重大民生工程等主题，如《七星关将新增一公园！》报道德溪体育公园项目施工进展;《七星关集中供暖最新进展！》介绍集中供暖工程项目建设最新动态，回应群众关切的城市供暖问题;《新增学位1800个！涉及七星关这些学校》报道当地多措并举扩大学前教育供给总量，充分体现有关部门解决学前教育"入园难""入园贵""入园远"等难题的决心，回应百姓关切的重大教育问题。

广东省广州市黄埔区融媒体中心第四季度主题报道多集中于微

信公众平台，总发稿量近 1200 条，产出主题报道超 160 条，微博、微信、抖音、快手四平台互动总量约 54 万。在疫情信息发布方面，一改通知通告类信息发布思路，从饮食、出行角度入手，为受众提供切实有用的疫情信息服务。微信公众号"广州黄埔发布"推出《"阳"了吃不下怎么办？这份〈保姆级饮食指导手册〉请收藏!》《春节能回家过年吗？未来 1 至 2 个月会迎来一波流行高峰，最新研判→》等稿件，着眼民众日常生活需要，获得良好传播效果。

浙江省海宁市融媒体中心第四季度共产出主题报道 100 余篇，内容涵盖社会生活方方面面，如微信公众号"大潮网"11 月发布《最新! 村庄规划来了! 涉及海宁 11 个村! 有你家吗?》，发布海宁市最新村庄规划，履行融媒体中心的服务职能；12 月发布《最新消息! 海宁明确了：中小学校期末教育教学安排优化调整!》，根据疫情变化及时传递优化教育教学的工作安排，想民众之所想、急民众之所急，受到市民朋友好评。

江苏省盐城市盐都区融媒体中心第四季度以学习宣传贯彻党的二十大精神为主线，在新媒体、广播、电视、报纸全平台设置专题专栏，及时转发权威媒体信息。党的二十大会议召开期间，及时转载新华社、央视新闻等主流媒体权威信息 30 余篇，第一时间传播大会盛况。党的二十大胜利闭幕后，自主策划推出"践行二十大精神—把手话发展""立足岗位践新功""踔厉奋发争排头""二十大精神典型说"等系列报道，利用短视频、海报、图文等多种形式，从不同层面组织好全区社会各界，特别是基层一线学习宣传贯彻党的二十大精神的宣传报道，推动党的二十大精神落地见效。

天津市津南区融媒体中心第四季度共产出核心报道200余篇。发布《厚植发展底色　生态屏障浸润津沽》《天津海河教育园区：释放发展潜力　勇攀创新高地》《打造亮丽名片　"会展"成色更足》《扣准"先行""示范"　奏响"双碳"主旋"绿"》《喜迎党的二十大·非凡十年看津南》等一大批反映十年来津南区经济社会发展巨变的内容。发布《津南区小站镇会馆村：巨幅稻田画　喜迎盛会　欢庆丰收》《小站稻风情》《稻乡古韵，至味清欢》等一大批喜庆丰收的内容，充分展现了津南区良好的自然生态以及人与自然和谐共处的美好画卷。

广西壮族自治区容县融媒体中心第四季度共产出近60篇主题报道，聚焦宣传贯彻落实党的二十大精神、侨乡历史文化等主题，具有总结性强、感染力强等特点，给人以奋进力量。突出一条主线，形成宣传合力。《容县容州镇：百年榕树根下将党的二十大精神送到群众心坎上》《松山镇：用乡间俚语持续推动党的二十大精神落地生根》等主题报道，紧紧围绕宣传贯彻党的二十大精神这一主线，结合农村工作实际，通过"拉家常"、集中宣讲等方式，用通俗易懂的语言把宣讲的情况报道出来，不仅体现了宣传党的二十大精神的"新"，也呈现了与群众打交道的"心"，提升了报道的吸引力和关注度。

天津市宝坻区融媒体中心微信公众号第四季度共产出300余篇主题报道，聚焦学习贯彻落实党的二十大重要精神、中央经济工作会议精神以及疫情防控等相关主题。先后推出了《非凡十年丨踔厉奋发　宝坻宝地尽朝晖》系列报道、"二十大时光"专栏、"学习宣传贯彻党的二十大精神"专栏等，全面展示党的十八大以来，宝坻扎实推动经济持续健康发展，全力保障和改善民生，朝着全面建设社会主义现代化新宝坻的目标昂首奋进的生动篇章，以实际行动喜迎党的二十大胜利召开。

福建省永安市融媒体中心第四季度共产出3000余条主题报道，涉及"学习宣传贯彻党的二十大精神""疫情防控""青山绿水是无价之宝""三提三效"等主题，持续壮大主流声音。重点策划的永安市"学习宣传贯彻党的二十大精神"主题宣传，对全市部门单位、乡镇街道学习贯彻党的二十大精神进行全方位宣传，并采取全媒体深度联动、融合报道的形式，推出《二十大报告@你——报告微宣讲、学习微课堂》等专题报道10余期、相关新闻产品110余条、短视频20余条，为学习宣传贯彻党的二十大精神营造了良好的舆论氛围。

陕西省西安市未央区融媒体中心第四季度共产出1000余条主题报道，积极创作"党的二十大""疫情防控""清廉未央建设"等主题的相关内容，全方位、多角度、深层次地反映宣传未央区各方面工作所取得的新局面、新进展、新成就，持续壮大主流舆论。"长乐未央"官方微信平台推出未央区"喜迎二十大，百姓说变化"系列宣传报道，采取"视频+音频+文字"的多媒体宣传表现形式，通过对全区干部群众代表采访的方式，让群众面对镜头勇敢走向前，大胆说出来，客观、真实、全面地反映近年来未央区经济社会发展新面貌。同时还制作了疫情防控宣传海报、视频等各类新媒体宣传产品300余条，如"@市民朋友""防疫三件套""防疫五还要""防疫不松懈""防疫这样做"系列宣传海报等，生动活泼，趣味性强，取得了积极的宣传效果。

北京市怀柔区融媒体中心第四季度共产出898条核心报道，持续壮大主流声音。其重点策划开展的怀柔区"【喜迎二十大】——逐浪怀柔"大型成就系列专题展,对 10 年来怀柔区党建、会都、影都、民生等方面工作进行宣传报道,共推出专题报道 6 期、相关新闻产品 150 条,为迎接党的二十大胜利召开营造了良好的舆论氛围。在疫情防控工作方面,怀柔融媒产出的《跟随记者走近流调溯源现场组一》阅读次数 26 万,受到用户好评。

四川省成都市成华区融媒体中心微信公众号"成华发布"第四季度共产出 192 条核心报道,稿件涉及疫情期间服务举措和民生实事。如《居家期间,政务服务可以线上办》《转需!成华区家庭医生团队服务范围和联系方式都在这里》《成华 142 个"共享药箱"上线,解决居民"药"紧事》等。此外,《医疗、教育提质加速,民生项目串起居民幸福感》《看看我家新变化——我为院落代言》等民生报道,贴近百姓需求,生动反映了地方经济社会的发展巨变,给人以满满的幸福感。

江西省九江市武宁县融媒体中心第四季度共产出 932 条主题报道,聚焦"喜迎二十大""全面深入学习贯彻党的二十大精神""奋进新征程 建功新时代""决战四季度 夺取全年胜""奋斗者 正青春""疫情防控"等主题,持续壮大主流声音。重点策划开展的

"非凡十年　武宁蝶变"，大型成就专题报道，对 10 年来武宁县经济、党建、生态、民生等方面工作进行宣传报道，共推出专题报道 6 期、相关新闻产品 120 多条，为喜迎党的二十大召开营造了良好的舆论氛围。

三、全国县融中心爆款创作典型事例

江西省瑞金市融媒体中心第四季度共发布爆款作品 310 余篇，其中抖音、快手两大短视频平台成绩亮眼。相关稿件内容聚焦社会热点事件，弘扬社会正能量。如快手账号"瑞金市融媒体中心"11 月发布《# 监控下的一幕　下大雨附近修路工人在派出所大门口避雨吃饭，民警发现后邀请他们到大厅就餐#暖心一幕#暖心，来源，@ 来安警事》等，抓住受众兴趣点，展现暖心时刻。

四川省成都市双流区融媒体中心第四季度发挥挖掘热点的敏锐度，产出爆款 130 余条，多集中在微博、微信平台。微博账号"双流发布"主要采用视频形式，分享美景趣事、生活妙招等；微信公众号"双流发布"聚焦疫情防控新形势，贴近受众关注，如《重要！四川居民新冠感染情况调查，请转发扩散！》等，受众广泛转发，获得良好传播效果。

浙江省杭州市余杭区融媒体中心第四季度微博、微信、抖音平台互动总量1070余万，产出爆款100余条，多集中在微信、抖音平台。爆款内容聚焦好人好事、本地动态、疫情防控等。如抖音账号"天天看余杭"发布《25岁#消防员何二娃跳水救下5个#溺水孩子，五个#家庭组队敲锣打鼓上门感谢。#正能量#救人@抖音小助手》，讲述消防员救溺水小孩的故事，弘扬主流价值观，获赞近6.9万。

北京市大兴区融媒体中心第四季度积极提升内容创作能力，产出优质爆款130余条，聚焦疫情防控、本地特色。快手账号"北京大兴"打造"大兴特色美食"板块，瞄准受众兴趣点，精准挖掘受众需求，吸引受众关注。如《大兴特色美食｜大堤吊子馆》《大兴特色美食｜桑叶包子》，介绍大兴特色美食及休闲娱乐新去处，有效提升大兴知名度。

福建省宁德市蕉城区融媒体中心微信公众号"大梦蕉城"第四季度共产出爆款稿件60余条，内容涉及疫情防控动态、本地便民信息等方面，获得受众广泛关注。如《蕉城将实施新一轮人工增雨作业!》发布人工增雨作业公告，对市民出行加以提醒;《看过来!

蕉城区最新对外公开新冠疫苗接种点汇总表》公布辖区内各接种点基本信息和工作安排，方便市民完成疫苗预约接种，形成有效免疫屏障。

北京市海淀区融媒体中心第四季度共产出爆款内容 130 余条，内容多聚焦疫情防控部署、本地热点事件等。如快手账号"海淀融媒"12 月发布《司机突发疾病车辆失控 海淀警民携手上演生死救援》，讲述警民携手救助失控车辆司机，体现社会温情，展现警察职责。10 月发布《中国冰雪医疗卫生保障体系再添利器 冰雪项目胃肠内窥镜诊疗中心在海淀正式成立》，展现海淀重要利民设施建设进度，取得不错效果。

江西省南丰县融媒体中心第四季度爆款产出能力表现亮眼，共发布爆款作品 120 余篇，主要集中在抖音、快手两大短视频平台。相关作品涉及农业、民生、文化等主题，挖掘全国范围内各垂类优质内容，吸引受众关注。如快手账号"南丰县融媒体中心"10 月发布的《一派丰收景象，农户用"连盖"处理农作物》《男子弃百万年薪种红薯 3 年挣 350 万，男子：农业是大有可为的》等稿件展现农业欣欣向荣、蓬勃发展的景象；11 月发布的《武当山有重大考古发现！武当山五龙宫遗址考古发现浮雕、水简等千余件文物》

介绍考古最新发现，提振民族文化自信，取得不错效果。

天津市南开区融媒体中心第四季度保持稳定的创作能力，微信公众号"和美南开"产出爆款内容约100篇。稿件结合防疫政策优化调整的最新动态，适时、及时地发布就医保障、生活保障等便民服务信息，为群众健康保驾护航。如《南开区24小时就医保障与生活服务电话》《南开区发热门诊24小时就医服务热线》等稿件，公布各街道社区、卫生服务中心及发热门诊联系方式，便于群众咨询疫情防控政策、生活保障、医疗服务等问题，提升群众积极应对疫情的信心。

甘肃省山丹县融媒体中心第四季度展现了创作重大主题短视频的不俗实力，短视频《革命烈士永垂不朽》点赞量20.4万，短视频《致敬中国人民解放军》点赞量33.4万，短视频《祖国我爱你》点赞量11.3万，体现爱国主义情怀，弘扬主流价值观念，激发民众自豪感与凝聚力。

江苏省扬中市融媒体中心第四季度发稿总量达3000余条，产出爆款产品50余条，主要集中在视频号、抖音号两大平台。扬中市融媒体中心不断强化融合要素调度，有针对性地结合时事热点、民生看点，积极创作各类"爆款"作品。视频号作品《今年冬季，江苏可能会冷到零下十度》浏览量超 100 万，《寻找扬中籍烈士陈昌仁家属》《市民"偷拍"到的民警身影，让人心疼！》视频号、抖音号浏览量均为 10 万＋。《紧急通知：全市多地临时停水》《"大辫子姑娘"走了，享年 93 岁》等原创短视频具有很强的时效性、贴近性，取得良好的融合传播效果。

广东省深圳市龙华区融媒体中心第四季度秉持"深融合、强策划、精制作、大传播"的运作理念，打造"龙眼视频"品牌，做活做强短视频传播。围绕"喜迎二十大""贯彻二十大精神"和龙华区重点工作、发展新貌以及民生热点，生产、发布视频稿件近 300 条，全网传播量超 2000 万次，讲述精彩龙华故事，提升城市形象。发布《龙华圆》《数字龙华》等视频稿件；推出"龙华子夜"特别策划，以城区发展为背景，聚焦子夜时分坚守工作一线的普通劳动者，用镜头记录他们勤勉进取的奋斗姿态，以小见大、以点带面展现龙华区的奋斗底色，献礼党的二十大。

重庆市大足区融媒体中心第四季度推出短视频 220 余条，浏览量达 600 万，如《致敬每一分每一秒的"坚守"》《戴口罩　防疫情》《向"疫"而行，大足公安在抗疫一线守护平安》等。全面启动大足融媒"融"系列品牌短视频，组建精干力量，专门策划制作新媒体类产品，以百姓更喜闻乐见的视角，多元跨界输出"大美大足"。"融"系列短视频共播发 70 期，创作产品爆款频出。此外，深耕大足本土文化，围绕石刻文化、五金文化，打造"精美的石刻会说话"系列产品，通过视频特效、手绘、MG 动画等方式，创新推出新媒体产品。如《月是中华明 传承越千年》将中秋佳节与中华传统文化相结合，选取大足石刻孔子造像，讲述文化传承；与新华社重庆分社合作推出《千年五金 活力焕新丨MG 动画带你了解大足龙水五金》，浏览量逾 100 万。

江西省丰城市融媒体中心第四季度抖音平台浏览总量 1075 万，产出 204 条。丰城发布公众号总浏览量 530 万，产出 426 条。该融媒体中心爆款内容多为好人好事、本地动态、疫情防控等。如《丰城关于调整常态化核酸检测服务的通告》阅读量 10 万 +，及时发布群众关心的疫情防控核酸检测动态信息；发布的《丰城：道路中央铁条翘起影响行车安全，男子花 2 小时维修》讲述丰城市普通市民义务修路的好人好事，弘扬主流价值观，浏览量 53.8 万；丰城发布公众号和抖音号联动发布《丰城一男子离世，他用这种方式延续爱和生命》讲述遗体捐赠事迹，致敬平凡中的伟大。

四、全国县融中心互动传播典型事例

新疆维吾尔自治区莎车县融媒体中心第四季度发稿 3300 余条，充分利用短视频平台，向少数民族地区受众介绍生活常识、提供娱乐资讯，给其他地区受众介绍新疆美景、传递异域风情。如抖音账号"莎车县融媒体中心"11 月发布《分享健康常识　冬天多喝生姜红糖水会预防流行感冒，点赞收藏试试吧！＃吃出健康好身体＃生姜红糖水能治感冒＃抖音小助手 dou 上热门》，分享健康常识，提供生活妙招，充分发挥融媒体中心的信息服务功能。

甘肃省陇西县融媒体中心第四季度四平台保持良好的内容创作能力，微博、微信、抖音、快手发稿达 8200 条，互动总量约 132 万。其快手账号"陇西融媒"在本季度产出 30 余条主题报道内容，聚焦当地民生民情，发布《甘肃县级队泾川文汇 7∶5 淘汰北京国安　代表甘肃进入全国十六强》等，有效提升当地体育事业发展信心。

新疆维吾尔自治区乌苏市融媒体中心第四季度发布稿件近 5500 条，持续深耕优质爆款内容创作，强化新媒体平台运营能力，微博、微信、抖音、快手四平台互动总量近 150 万。抖音账号"乌苏市融媒体中心"发布《新疆小伙用热瓦普演奏〈海绵宝宝〉插曲，手里的汉堡突然变成了馕……#民族乐器演奏#热瓦普#传承弘扬中国文化@菲特瑞@抖音小助手》，介绍民族乐器热瓦普，结合流行元素展现少数民族特色，弘扬中国文化，获赞16万。

青海省乌兰县融媒体中心第四季度发稿量约2600条，四季度各平台累计互动量约4.9万。在党的二十大召开之际，乌兰县融媒体中心聚焦党的二十大胜利召开，发布《青海新闻联播【二十大时光】礼赞非凡成就　凝聚奋进力量　青海广大干部群众热议党的二十大报告》《【二十大报告介绍解读】站在人与自然和谐共生的高度来谋划发展》等内容，为党的二十大胜利召开营造良好的舆论氛围。

甘肃省陇南市武都区融媒体中心第四季度推出短视频400余条，浏览量达14.8亿；如《互相敬礼》抖音平台总浏览量破5097.3万，点赞量达62万；《何其有幸　生于华夏》视频浏览量达30.9万；"陇蜀之城"APP创作产品爆款频出，受到用户好评。

上海市静安区融媒体中心第四季度共产出百余条爆款内容，微信公众号"上海静安"12月发布的《致静安市民的一封信》获得超过10万次阅读量，在疫情波峰来袭之际给居民以慰藉。《百年张园焕新回归，西区率先开放》等多篇稿件报道优秀历史建筑群落保护和城市更新的深度有机融合，在辞旧迎新之际，坚持以人为本，满足群众对城市美好生活的向往。

黑龙江省克山县融媒体中心重点策划开展的克山县"喜迎二十大"大型全媒体采访行动，对全区所有镇街党委（党工委）书记进行全覆盖专访，并采取"报纸＋电视＋新媒体"深度联动、融合报道的形式，共推出专题报道20期、相关新闻产品130条，为迎接党的二十大胜利召开营造了良好的舆论氛围。同时，第四季度推出短视频70余条，浏览量达200万；如《克山商业步行街》视频号、抖音平台总浏览量破10万＋；《克山之夏别样红》视频浏览量达25万。

上海市嘉定区融媒体中心微信公众号"上海嘉定"第四季度共产出100余条爆款报道，稿件总阅读量1370余万。如《今晚起，全区13家社区卫生服务中心开出夜门诊》《疫情告居民书》等防疫稿件，为受众提供了一手防疫资讯。《嘉定开放首批自动驾驶高速公路》等产经稿件，记录了嘉定汽车城的发展。《十光流转，从西堂门户到北虹之星》等党的二十大相关报道也记录了十年间嘉定发展的非凡历程，着眼于民众日常生活，地域贴近性较强。

广东省深圳市坪山区融媒体中心围绕打造深圳东部文化高地，

全媒联动着力城区形象塑造。以党的二十大为主线，以坪山区中心工作为重点，参与央视《直播大湾区》节目，1.2亿传播量创历史新高；在新华社推出的《千城胜景》展映活动中，其策划制作的《深圳坪山　大万世居》点击量达135.8万次。此外，在权威信息发布量、官微传播抵达率和热搜热榜次数方面也取得亮眼成绩，媒体报道总量达1.3万，同比增长超20%；"坪山发布"阅读量破万推送达117篇，阅读量10万+推送11篇，品牌效应更加凸显；"坪山高质量发展图鉴"等内容冲上热搜榜23次，创新创业坪山气质更为鲜明。

云南省景洪市融媒体中心第四季度总发稿达9400余条，互动总量近850万。微信公众号"景洪发布"浏览量10万+的稿件近30篇，抖音账号"雨林景洪"策划推出的《"我"记得"你"》《我们共同的名字——"志愿者"》《等一等　再见面》等接地气、暖人心的抗疫正能量短视频获得关注较多，微信视频号"景洪发布"结合新闻热点播发的《今日份爱心餐已送达》，反映景洪对滞留游客食宿问题的关心，每日为万名游客提供免费餐食，受到广大网友好评，讲述景洪故事，传播景洪声音，树立景洪形象，播放量达147万，获赞6.6万，收到良好传播效果。

北京市顺义区融媒体中心第四季度共产出 5000 余条主题报道，聚焦"党的二十大""疫情防控""创建全国文明城区""安全生产"等主题，持续壮大主流声音。围绕党的二十大宣传报道，顺义融媒分阶段、抓重点、强创新，打造经典传播案例。会前"20 篇成就报道"等营造喜迎党的二十大浓厚氛围；会中开设《中国共产党第二十次全国代表大会专题报道》专栏，涵盖多板块，打造集中学习园地；会后开设"学习宣传贯彻党的二十大精神""奋进新征程　建功新时代——顺义区学习宣传贯彻党的二十大精神一把手访谈"栏目，挖掘各单位学习宣传贯彻党的二十大创新经验举措。共推出相关报道 1000 余条，为党的二十大营造了良好的舆论氛围。此外，快手账号"北京顺义"发布的《天下的母爱都一样》浏览量达 1024.4 万，实现顺义融媒千万级阅读量产品零的突破。

福建省福州市闽侯县融媒体中心第四季度围绕"学习宣传贯彻党的二十大精神""疫情防控""乡村振兴"等主题，持续推进媒体深度融合，策划推出各类系列报道专栏 35 个。"遇见闽侯"媒体矩阵报道闽侯疫情防控达 930 篇，总阅读量超 1600 万，超 10 万 + 的稿件 28 篇。其中，《闽侯县新型冠状病毒感染肺炎疫情防控指挥部发布第 1 号通告》《这些区域划为封控区、管控区、防范区！闽侯县发布第 2 号通告》总阅读人数超 50 万，短视频《同心战"疫"！直击闽侯不平凡的"疫"夜》播放量达 61.8 万，《闽侯，一定赢！》等 7 条短视频浏览量超 10 万，为打赢疫情防控阻击战、歼灭战贡献融媒力量。

五、全国县融中心央地联动典型事例

山东省寿光市融媒体中心第四季度在央媒平台发稿量近 40 条，积极关注党中央重大事件，推出"喜迎二十大"专栏，发布《【喜迎二十大】寿北棉花迎来丰收季》《【喜迎二十大】走到寿光市稻田镇体验"稻香渔歌"的生活》等文章，为迎接党的二十大胜利召开营造良好氛围；同时，关注当地民众对于政府公共设施和服务的满意度，推出"公共服务满意度"文章专栏，发布《"公共服务满意度"倒计时！热企加紧检修调试迎"送暖"》《"公共服务满意度"寿光：建设人民期待的"幸福河湖"》等文章，积极回应民生关切，取得不错的传播效果。

海南省澄迈县融媒体中心第四季度累计产出 30 余篇央媒稿件，积极关注本地特色农产品，推动农产品展销活动与电子商务深度联动，为提高其销量和品牌知名度作出突出贡献。发布《澄迈品牌农产品展销会现场　福橙等优质农产品被抢购一空》《海南"澄迈福橙"上市啦!》等文章，让澄迈福橙品牌效应释放更多红利，助力乡村振兴。

云南省澄江市融媒体中心第四季度强化央地联动，借助新华社、人民网、中国日报社等中央媒体平台，发稿近 20 篇，展现地方美景和发展现状，扩大传播范围。如人民网发布《云南澄江：绘就和谐发展新画卷》，介绍澄江促进民族发展和旅游产业融合发展的新成果，反映出澄江干部群众自觉践行"绿水青山就是金山银山"的发展理念。人民网发布《云南澄江织密发展交通网　铺就群众"幸福路"》，展现非凡十年中澄江交通体系的发展，交通网的不断完善，提升了人民的获得感和幸福感，为澄江的经济发展提供有力支撑。

海南省东方市融媒体中心第四季度产出近 20 条央媒平台作品，发布文章从东方市城市规划到农业绿色发展，再到海洋能源立体开发，涵盖城市发展的方方面面。如《东方市四更镇：打造海南西南部中心城市后花园》《东方：大力建设国家农业绿色发展先行区　为农业绿色发展提供东方样板》《全球首台 7MW 级抗台风漂

浮式风机下线 海南首个海洋能源立体开发示范项目同时开工》等，展现东方市一批国家级和省级现代农业产业园建设情况，取得良好的传播效果。

湖北省宜昌市夷陵区融媒体中心拓宽外宣渠道，重头报道屡次登上主流媒体。中央广播电视总台采用稿件 40 余条，其中被《新闻联播》采用 10 条稿件。湖北广播电视台采用稿件 80 余条，其中《湖北新闻》采用稿件近 30 条，三峡广播电视台采用稿件 400 余条。

甘肃省敦煌市融媒体中心第四季度共生产 3000 余条新闻报道，以党的二十大主题宣传为统领，敦煌市融媒体中心策划开设《人类敦煌 心向往之》和《敦煌文化进校园》等栏目，围绕保护传承弘扬敦煌文化创作系列新闻节目，成系列、高频次地制作播发短视频，扩大对外宣传。其中《敦煌文化进校园》系列报道中，短视频《敦煌元素进校园 文化校服受青睐》《敦煌四中校服，行走的敦煌文化传播者》发布后引爆网络，新华社、新华网、人民网、光明网等主流媒体和网络媒体平台纷纷以《实力"出圈"！敦煌学生穿上了敦煌校服》《太好看了！敦煌学生穿上了敦煌校服》等为题进行宣传报道，有效借助央媒渠道，弘扬优秀传统文化。

山东省成武县融媒体中心第四季度被中央媒体采用 230 余条稿

件。其中，在新华社客户端发布作品 50 余篇，如《千城百县看中国丨山东成武：金秋时节　湿地公园观鸟正当时》《瞰中国丨山东成武：万亩碧波　水城相依》《千城百县看中国丨山东成武："天宫课堂"照亮青春梦想》，多个作品浏览量超过 100 万。成武县融媒体中心还在央视 13 频道、中央新闻联播播发《山东大范围降雨致城区积水　抢修清理有序展开》《在希望的田野上　全国秋收有序推进　粮稳物丰硕果累累》等 12 篇稿件。借助中央媒体渠道优势，进一步提升成武县的美誉度。

吉林省抚松县融媒体中心通过新华社客户端播发了《千城胜景丨长白天下雪·抚松》《四季旅行丨大美抚松　心向往之》《希望的田野丨醉美兴参——吉林抚松》等反映当地自然风光、人文风情的稿件，充分借助中央媒体平台，宣传推介本地风土人情，展现抚松之美，取得良好的传播效果。

广西壮族自治区平南县融媒体中心关注本地特色农产业和纺织业，带动当地群众增收致富，在人民日报客户端和人民网发布《平南：新品黄金百香果试种喜获丰收》《关注！这场国际高端盛会，即将在贵港市召开》《未来可期！贵港这个产业将迎来新机遇》等文章，记录了平南人民对美好生活的向往，为平南人民接续奋斗提供了不竭的动力。

安徽省霍山县融媒体中心第四季度被中国网和央广网等央媒采用多篇稿件，内容密切关注当地群众的生活状况和未来发展需求，如《下符桥镇：用心用情用力　落实分散供养特困人员探访关爱服务》《安徽霍山：打造通往"美好生活"的三条路》等文章，既对特困供养对象基本生活保障进行了关注，又为该地未来的致富发展进行了大力宣传。

山东省济南市历城区融媒体中心第四季度被新华社客户端采用3 条稿件，分别是《千城百县看中国｜山东济南：霜压秋枝满树红》《千城百县看中国｜山东济南：唐王大白菜集中收获》《瞰中国｜山东济南：灯光汇聚济钢 3200 高炉》。通过介绍济南历城区的优美风景、种植产业以及工业，展现了历城美丽的自然风貌、特色的农产品生产加工和坚持"生态优先、绿色发展"的理念，平均浏览量接近百万，取得了良好的传播效果。同时，历城融媒 2022 年在新华社海媒账号"Discover Shandong"发表了多篇推文，内容涉及校园橄榄球运动、舞龙者、夏日荷塘等，充分展现了历城的人文风光。其中第四季度播发的"历城红叶尽染美如画"获得网友点赞转发，成功圈粉海外粉丝，提升了济南市历城区的知名度和影响力。

六、全国县融中心新媒体平台佳作

全国县融中心**央媒平台**佳作展示
2022年第四季度

地区	日期	采用媒体	标题/内容
广东省广州市黄埔区	10月4日	新华每日电讯	8年义剪超4000次,这对"岁月理发师",年龄合计超150岁
青海省乌兰县	10月4日	新华网	金秋时节好"丰"光!来看青海各地丰收胜景
陕西省富县	10月10日	学习强国	陕西富县:风吹稻香
宁夏回族自治区灵武市	10月18日	中国新闻网	[非凡十年]宁夏灵武:厚植生态底色 十年书写绿色答卷
北京市顺义区	10月28日	新华社客户端	北京顺义:五彩斑斓秋收季
天津市津南区	11月1日	新华社客户端	[印象津南100秒]非遗之糖画
广西壮族自治区上思县	11月4日	人民网	[防城港]厚植美丽家园底蕴 书写绿水青山篇章
山东省济南市历城区	11月4日	新华社客户端	千城百县看中国丨山东济南:霜压秋枝满树红
安徽省霍山县	12月10日	央广网	安徽霍山:打造通往"美好生活"的三条路
新疆维吾尔自治区莎车县	12月19日	中国新闻网	城乡活力重现 美好如约而至——喀什地区抢时加速冬季经济发展见闻

出品:新华社新闻信息中心、新华社县级融媒体研究中心

全国县融中心微信平台佳作展示
2022年第四季度

地区	日期	标题/内容
天津市静海区	10月21日	这一轮疫情有多凶险?保卫静海,与病毒赛跑,我们需要你的倔强!
江西省瑞金市	11月17日	这样的勤廉瑞金,值得您用"十分满意"点赞!
湖南省浏阳市	11月21日	长赣高铁今日开工!浏阳迎来高铁时代!
江苏省昆山市	12月5日	新冠发病7日图,"居家小药箱"应备这些药!
福建省厦门市海沧区	12月31日	再见,2022!海沧哪一次回眸打动了你?
北京市怀柔区	11月25日	跟随记者走近流调溯源现场组→
湖北省巴东县	11月6日	美丽巴东,巴东县文旅局长余建军将这一幅立体画卷呈现给您!
北京市房山区	12月17日	党群同心 "疫"路同行丨长阳镇紫云家园里的中国式好邻居
山西省河曲县	10月3日	[河曲新闻]河曲民歌二人台再登央视舞台
云南省楚雄市	12月14日	"双语"宣讲接地气 党的二十大精神入民心

出品:新华社新闻信息中心、新华社县级融媒体研究中心

全国县融中心抖音平台佳作展示
2022年第四季度

地区	日期	标题/内容
江苏省江阴市	10月31日	河南温情#这是返乡路上的河南温情
山东省五莲县	10月24日	萌娃拒绝太奶奶的生日红包:不要不要,去吃饭就行了! (萌娃@糖糖和奶奶蕊)
江西省瑞金市	11月24日	11月23日,世界杯小组赛日本战胜德国,中国球迷含泪感慨: "一样的身体素质为啥我们不行?"
浙江省杭州市余杭区	10月10日	因地震失去双腿的妈妈装上义肢后,在孩子面前自信跳舞。 #酷女孩#生活态度(来源:@廖智)
浙江省义乌市	11月20日	阿尔茨海默病的爸爸起床气严重, 儿子灵机一动,拿奶酪棒哄就好了 #好温馨的画面 #生命中最重要的人 #老人家太可爱了
湖南省浏阳市	12月31日	浏阳水母烟花再次奔赴而来#今夜我们一起跨年 #向烟花许个愿
云南省文山市	12月31日	人群中有人发生矛盾,路边两只青蛙沉迷吃瓜, 画面太有喜感!#原谅我不厚道的笑了 视频来源@岁月无声
新疆维吾尔自治区乌苏市	11月9日	近八旬奶奶景区卖水,自学10门外语惊呆众人 #活到老学到老 #自学外语 @抖音小助手
山东省邹平市	12月13日	小学生放学路上遇面包车跟随,机智跑进文具店躲避
甘肃省兰州市城关区	11月9日	兰州将迎降雪

出品:新华社新闻信息中心、新华社县级融媒体研究中心

全国县融中心快手平台佳作展示
2022年第四季度

地区	日期	标题/内容
河南省项城市	11月16日	近日,河南项城,#爸妈陪二宝玩耍时,发现大宝失落的低下头。妈妈:来来来,该大宝了呀!#二胎
甘肃省酒泉市肃州区	12月9日	女子"研究"的扫地方法,可以扫到任何死角,网友:混得最差的一团史莱姆#神操作 #这是高手 #生活百态
江苏省沭阳县	10月3日	跨越近一个世纪的初次见面,太爷爷看到重孙,眼里泛光,精神头一下来了#祖孙隔代亲 #好温馨的画面 @四哥
云南省澄江市	10月20日	10月19日,山东淄博,室友们把同学骗去洗澡,偷偷给他准备生日惊喜 #澄江观察
江苏省昆山市	12月1日	近日,贵州。金毛半夜跑主人床上睡觉打呼噜,第二天半夜又偷吃苹果……#社会百态
江西省南丰县	12月10日	103岁老奶奶去看望女儿,一路小跑像个调皮小姑娘。
云南省弥勒市	11月2日	路上交警同志规范动作很到位。网友:他在很认真对待他的职业。#感人一幕 #正能量 #交警正能量
河北省枣强县	10月18日	网友:不厚道的笑出声,恭喜转正戳中笑点 #蹦极 #看一次笑一次
陕西省洛川县	11月6日	奶奶察觉孙女异常紧紧跟随,坠下高坎瞬间拼命拽着一条腿
江苏省张家港市	12月9日	出国抢单!张家港赴欧招商小分队出发! #张家港 #招商

出品:新华社新闻信息中心、新华社县级融媒体研究中心

全国县融中心新媒体平台佳作展示
（2022 年第四季度）

新华社新闻信息中心　新华社县级融媒体研究中心出品

第六章

全国县级融媒体中心传播力影响力调研报告（2023年第一季度）

一、全国县融中心综合影响力典型事例

浙江省义乌市融媒体中心第一季度共发布超过 7900 条内容，各平台总互动量超过 7870 万，累计产出爆款 630 余条。其微信公众号"爱义乌"积极关注并传播惠民政策、天气、地方发展等热点话题，贴合受众信息需求，凸显地方县级融媒体中心的传播价值，如《事关烟花爆竹！义乌最新情况》《义乌这里新增夜市！地址就在→》等。同时，其抖音账号"爱义乌"内容关注社会热点事件，积极弘扬传统文化，如《浙江义乌，大爱无疆！市场经营户主动降价支援叙利亚地震灾区》《小萌宝向长辈行礼，最高礼节，蒙古族的万安礼，爱的传承，文化的力量》等，这既体现了媒体的社会责任感，同时也发挥了贴近群众、凝聚民心的重要作用。

云南省文山市融媒体中心第一季度共发布超过 2200 条内容，创作出 370 余篇爆款作品，各平台的互动总量达 4900 多万。其中，微信公众号"非常文山"报道类型丰富，关注地方热点，贴合受众生活需求，充分发挥县级融媒体中心的服务功能，如《有毒！文山人，这 14 种"野菜"千万别吃！》《文山实验小学这堂"课"成了典型！》等。此外，其充分发挥短视频平台的互动优势，积极弘扬和传承优

秀传统文化，如抖音账号"非常文山"发布《#十余人戏班风雪中表演　台下观众仅一个孩子#戏曲#传承弘扬中国传统文化》，获得了 14 万的点赞量。

甘肃省秦安县融媒体中心第一季度共发稿 9500 余条，各平台互动总量达 1000 余万。其于短视频平台集中发力，充分发挥短视频的互动优势，制作出大量爆款短视频，内容积极正向，话题丰富，关注边防战士、退伍军人等群体，传播社会正能量。如抖音账号"五彩秦安"发布的多条以《#不赞网红不赞星　只赞人民子弟兵》为题的短视频都获得了较多互动；快手账号"五彩秦安"发布《解放军仪仗队训练现场#为我们有个强大的祖国而骄傲#爱我中华强我国威》展现中国军人风采，获得 8.4 万点赞量。

江西省瑞金市融媒体中心第一季度累计发稿 1800 余篇，互动量超 1900 万，累计产出爆款 190 余条。其内容多记录感人故事，传递社会温情，如抖音账号"红都瑞金"发布的《11 岁小男孩和 6 岁妹妹凌晨三点随父母赶集出摊，一起帮父母做炉包》《男子当兵没回家过年，一群兄弟上门给其父母拜年》等作品，单篇获赞均超过 20 万。

河南省项城市融媒体中心第一季度共计发稿近 3000 篇，产出爆款作品 330 余条。其充分利用短视频平台与受众展开互动，在快手、抖音两大平台互动总量达 1750 万。如抖音账号"项城融媒"发布的《这是爱情的模样！！#摄影师无意间见证浪漫，一对情侣在摩天轮里拥抱，夕阳在身后流转》与快手账号"项城融媒"发布的《60 岁民工大哥看到路边摆着钢琴"手痒"，征得同意后现场为大家演奏，惊艳众人！！》等作品，以独特的视角记录感人瞬间，引发受众共鸣，单篇点赞量均破 30 万。

北京市顺义区融媒体中心第一季度发稿总量超过 3700 条，产出爆款约 100 条，总互动量超过 600 万。微信公众号"北京顺义"围绕与民生相关主题，积极报道贴近百姓生活的新闻，如《3000 余个岗位等你来！顺义区开年首场大型线下招聘会即将启幕》等文章，充分发挥县级融媒体中心的官方信息发布职能。此外，其在短视频平台上密切关注当地民生民情和社会正能量事件，快手账号"北京顺义"发布的《接线警员教科书式"隔空救援"，为她点赞！》《男子饭店就餐突然昏倒，店员教科书式救人》等报道，大力弘扬社会正能量，彰显县级融媒体中心在引导社会风气方面的重要作用。

浙江省海宁市融媒体中心第一季度共发布稿件 1400 余条，产出爆款超 100 条，累计互动量达 400 余万。其微信公众号"大潮网"

聚焦当地经济发展、城市建设、医疗教育等方面，贴近群众阅读需求，如发布《时间定了！海宁将开通公交专线！还有这条线路要调整→》等交通建设相关内容，及时发布当地交通建设情况。此外，为深入贯彻、落实两会精神，发布《重磅！今天，市长会上连说8个"聚焦"！海宁定下新目标!》等重要内容，彰显城市发展信心。抖音账号"潮视频"发布了《女子抱着孩子欲跳桥轻生，素不相识的路人出手了》等正能量短视频，充分发挥短视频的传播优势，积极引导当地社会风气。

福建省晋江市融媒体中心第一季度共发稿1100余条。其中，微信公众号"晋江电视台"共发布稿件780余条，阅读量近1000万，产出爆款近60条。其充分发挥融媒体中心综合服务功能，报道内容聚焦疫情防控等贴近受众生活的话题，回应百姓关切。如《假的！假的！假的!》《阳性！确认是二次感染！重要提醒》等。

甘肃省敦煌市融媒体中心第一季度发稿总量近4600条，各平台均有较好的互动表现。内容关注社会热点事件，传播正能量，如快手账号"掌上敦煌"发布《看惯了升国旗，你知道降国旗是什么样的吗？千锤百炼守好那抹中国红，为中国军人点赞!》，获得近4万点赞量；同时，短视频平台积极创作展现敦煌文化魅力的优质作品，如抖音账号"掌上敦煌"发布《来鸣沙山月牙泉体验绝版"速度与激情"＃是时候展现真正的技术了＃敦煌＃欢乐＃旅游》《"接地气"的敦煌舞＃敦煌＃敦煌舞＃人类敦煌　心向往之》，获得广大受众喜爱。

江西省南丰县融媒体中心第一季度在发稿量与互动量方面均有亮眼表现，共计发稿 5600 余篇，累计产出爆款 190 余条，互动量超 1900 万。其充分发挥短视频的互动优势，借助抖音、快手平台报道各地热点事件，内容涵盖广泛。快手账号"南丰县融媒体中心"发布《男子有幸见证高速通车典礼　成为第一辆上高速的车》《男孩把老师介绍给叔叔，没承想竟促成良缘，网友：孩子的胸花"贵宾"实至名归!》等作品，戳中受众兴趣点，取得良好互动效果。

二、全国县融中心主题报道典型事例

广东省深圳市龙岗区融媒体中心微信公众号"掌上龙岗"第一季度共产出近 40 条主题报道。稿件内容在关注疫情防控信息之外，还聚焦当地气象、政策新规等民生热点。如《冷冷冷! 较强冷空气来袭! 深圳最低温度……》《最新公布! 深圳已明确! 2 月 20 日正式开始!》等，稿件标题醒目、言简意赅，有效引发受众关注。

湖南省浏阳市融媒体中心第一季度各平台主题报道重点聚焦当地特色烟花表演、新年庆祝活动和群众文化生活，充分发挥融媒体中心宣传本土特色、服务群众的重要作用。抖音账号"微浏阳"发布如《超级震撼!巨型烟花绽放夜空全过程，让您大开眼界!》报道过年期间其乐融融的祥和场景，展现当地巨型烟花的特色;《这就是过年该有的气氛，浏阳烟花陪您过大年!》介绍了一系列浏阳庆祝新年的有关活动，弘扬社会正能量;《刚刚，浏阳发布重要提醒!事关返乡人员!》及时发布与人民群众息息相关的重要信息，体现县级融媒体中心的社会责任感。

上海市黄浦区融媒体中心第一季度在微信公众号的主题报道创作表现亮眼，专栏"'10分'便捷"共计发稿 11 篇，在影响力和传播力方面都有良好的表现。该专栏在选题策划中秉持"大中取小、以小见大"的方针，紧紧围绕 10 分钟社区生活圈"宜居、宜业、宜游"的主题，解读黄浦区打造"10分钟社区生活圈"的生动实践，从各个侧面真实反映社区群众的获得感。

贵州省毕节市七星关区融媒体中心第一季度在微信公众号"微七星关"的表现尤为亮眼，账号"微七星关"共计发稿 540 余篇，阅读量近490万。主题报道内容以服务和保障民生类为主旨，如《毕节东客站搬迁公告》《定了！七星关将改造这些小区！》等稿件积极同步城市规划进程；《关于倒天河和倒天河水库更名征求社会意见的公告》体现当地政府与民众的良性互动；《有调整！七星关各学校开学时间公布！》及时回应民众关心的教育问题，体现出该融媒体中心的"服务型"媒体导向。

山东省滕州市融媒体中心第一季度发稿量超过3500篇，积极创作"两会""看世界""全球热点"等主题报道稿件，体现出对国内时事与国际动态的关注。其快手账号"滕州融媒"推出《马英九大陆行》合集，累计观看量超过850万，引发受众共鸣。在疫情防控工作方面，及时发布专家意见，缓解民众焦虑情绪，如《多地学校因新冠、甲流等停课。专家：这是谨慎和稳妥的做法，学生及家长不必恐慌》《多地预警！诺如病毒进入高发期，感染后上吐下泻怎么办？》等。

成都高新区融媒体中心第一季度主题报道重点聚焦全面深入学习贯彻两会精神、城市经济建设发展等主题，持续壮大主流声音。微信公众号"成都高新"发布如《中小型科技企业如何茁壮成长？企业主"连麦"两会会场》《关于产业发展和城市建设，他们说……》

等对未来成都高新区的经济发展工作进行答疑解惑，为迎接两会召开营造良好氛围;《即将开通！环球中心24小时机场专线来了》《与四川大学合作共建，成都高新区人民医院来了!》等民生报道，贴合百姓现实需求，生动反映了地方经济社会的发展巨变，切实提高了人民群众的生活幸福感。

天津市西青区融媒体中心第一季度主题报道创作情况稳中有进，与受众保持较高的互动量。其抖音账号"西青融媒"在2、3月表现亮眼，关注国际热点、军人风范等话题，如《赞比亚总统：中国才是值得交往的国家》《中巴友谊长存！小伙在巴基斯坦排队被官方要求"插队"，这是专属中国人的通道!》等报道，彰显我国大国外交成果，激发受众自豪感;《无心打扰　只有致敬！却被哨兵的回礼打动了!》《这就是中国军人!》等致敬人民子弟兵，积极引领正确价值观。

广东省广州市越秀区融媒体中心致力于打造集"新闻＋政务＋服务"多种功能于一体的新型主流媒体，为用户提供权威及时的新闻资讯、精品优质的专题产品。如2023年春节期间重点以"广府味幸福年"为主题推出系列融媒体报道，弘扬广府文化，展示广州特色的传统文化内涵。聚焦"广府味　幸福年"广府文化系列活动，广泛吸纳潮流、红色、诗词等文化因子，特别呈献主题特色活动，向公众传递广府文化特有的温情。

黑龙江省萝北县融媒体中心第一季度于微信公众号"微秀萝北"账号的主题报道内容以学习贯彻落实党的二十大、深化能力作风建设、备春耕以及秸秆禁烧等为主。如在《万象"耕"新不负春》专栏中，先后推出 10 篇重点系列报道，全面展示党的二十大召开以来，萝北扎实推动农业生产健康发展，朝着全面建设社会主义现代化新萝北的目标昂首奋进的生动篇章，以实际行动庆祝党的二十大胜利召开。

广东省肇庆市高要区融媒体中心第一季度于"高要发布"微信公众号推送推文 402 篇，总阅读量 39 万；"高要发布"视频号推送短视频 271 条。内容聚焦全面贯彻党的二十大精神、全国两会精神、新年开局、经济建设、乡村振兴、产业发展等主线及重点，创作出一系列内容丰富、形式多样、影响力大、感染力强的主题宣传报道。如《推荐指数：五粒星！高要预制菜购买攻略来啦》《开好局 起好步》《2023，我们同心为我家——高要！》《揭秘！高要"智"造背后的产业密码》等。

山西省孝义市融媒体中心第一季度在微博、微信、抖音三大平台共发布 2500 余条稿件。其微信公众号账号"孝义融媒"紧跟央媒脚步，内容聚焦习近平总书记在全国两会期间发表的一系列重要讲话精神和全国两会精神在孝义市的落地。如"和春天一起奔跑　加速项目建设"专栏，多维度展现了项目承载单位快干、实干的生动场景，反映疫情过后全市掀起的攻坚热潮，对全市人民起到良好的激励作用。

重庆市长寿区融媒体中心第一季度主要围绕全面推动党的二十大精神在重庆落地生根开花结果等重点内容进行报道，报网端微屏全媒体矩阵参与，形成全方位、多角度、深层次宣传，取得了较好的社会反响。该融媒体中心紧紧围绕"全面推动党的二十大精神在重庆落地生根开花结果"推出系列访谈、反响、评论、活动报道，如让党的二十大精神深入基层、入脑入心。

三、全国县融中心爆款创作典型事例

浙江省杭州市余杭区融媒体中心第一季度共产出爆款 150 余条，各平台互动总量达 1900 余万。爆款内容主要聚焦于好人好事、本地动态、传统文化、旅游风景等。如抖音账号"看余杭"发布《市民在除夕夜放烟花，消防员们坐在消防车顶上默默守护。#万家灯火#暖心一幕》，生动展示了消防员守护民众跨年的故事，引起网友强烈共鸣；《#锣鼓队开始有年轻人接班了，三个年轻女孩打得非常认真。#民俗文化#传统手艺》展现青年人群继承优秀传统文化，引发广泛关注。

陕西省洛川县融媒体中心第一季度共产出爆款内容80条，收获总互动量超280万。其爆款内容主要集中在短视频平台，内容多聚焦本地正能量事件、国际大事、两会提案等。如快手账号"洛川融媒"3月发布《#工作#加班#报酬 全国政协委员蒋胜男建议……》，介绍了全国政协委员蒋胜男于两会期间所提出的提案，聚焦社会共识话题，展现政协委员的社会职责感。抖音账号"洛川宣传"1月发布《#交通安全#交警#救助》的主题视频作品，展现交警为人民群众的生活筑起一道交通安全的防护围屏，发挥正向价值引导作用。

山东省成武县融媒体中心第一季度爆款作品主要集中在抖音与快手两大短视频平台，共产出爆款产品60余条。该融媒体中心充分发挥短视频短小轻快的优势，以受众喜闻乐见的方式报道热点事件，如快手账号"成武融媒"发布的《男子见人多好奇上去凑热闹，结果被民警当场带走　网友："吃瓜"吃到自己头上》、抖音账号"成武县融媒体中心"的《# 这骑车技术真牛　大爷骑自行车等红灯，人不离车　脚不碰地》等娱乐性较强的稿件均获得良好的互动效果。

甘肃省兰州市西固区融媒体中心第一季度共产出爆款 30 余条，主要集中于微博、快手平台。快手账号"西固发布"产出 20 条爆款，内容聚焦生活轶事、暖心瞬间等内容，具有接近性和趣味性，如《好可爱的爷爷，激动得牙齿都掉了，这是对剧团最大的肯定》《妈妈发现孩子会跷二郎腿　结果……# 惊不惊喜意不意外 # 这操作都看傻了 # 爸爸带娃系列》展现百姓生活中的趣事，引发受众互动讨论。

上海市嘉定区融媒体中心第一季度推出新闻作品 6000 余条，浏览量达 400 余万。《嘉定第三家三甲医院最新进展!》《嘉定去苏州更方便了! 苏州轨交 11 号线今天试跑》《嘉定　闵行将再增一条快速通道! 预计明年建成》等一大批反映嘉定区城市经济社会发展的内容，它们聚焦当地城市基础建设及重大民生工程等主题，积极回应百姓关切的重大生活问题，获得良好传播效果。

河北省玉田县融媒体中心第一季度在快手平台表现突出，快手账号"玉田融媒"共推出短视频 250 余条，其中爆款内容 16 条，内容关注教育、养老、体育等与民众生活息息相关的话题。如《河北省教育厅严查寒假违规校外培训》《自 2023 年 1 月 1 日起，河北省城乡居民基本养老保险基础养老金最低标准上涨》《延续冬奥激情，再创冰雪盛况！河北省第四届冰雪运动会即将开幕》等，点赞过万。

江苏省丹阳市融媒体中心第一季度共计发稿 1200 余篇，互动总量近 169 万，爆款创作主要集中在抖音平台，其账号"丹阳帮"以受众喜闻乐见的形式报道社会热点事件，展现社会百态。如《男子情人节一束花送 5 个女生，却没有一个女孩接收！男子气不过给了跑腿一差评……》《男子给老婆送花的同时，还不忘给孩子捎带一束！穿尿不湿的宝宝都能收到花……》等报道，与受众取得良好互动效果。

山东省枣庄市山亭区融媒体中心第一季度微博号"山亭发布"在山东省县级融媒体中心微博影响力 1、2 月排行榜上连续上榜，《枣庄山亭：开局就发力，跑出"加速度"》《抢订单、赶进度！枣庄山亭重点企业生产线一片繁忙》《强工兴产求突破 加力提速勇争先》《水泉镇 8 万亩樱桃熟啦！》《枣庄山亭：科技大棚农事忙》等稿件重点展现当地工业、农业发展情况，全网综合浏览量超过 500 万人次，引领受众感受当地经济复苏景象。

天津市津南区融媒体中心第一季度推出原创报道近500篇，围绕"十项行动·津南行动"主题推出了40余篇主题报道内容，报道了津南区切实把党的二十大作出的重大决策部署付诸行动、见诸成效，围绕全面建设高质量发展、高水平改革开放、高效能治理、高品质生活的社会主义现代化大都市的目标导向。结合津南本地实际，先后推出了《津南区召开全力实施"十项行动·津南行动"暨"提信心 稳增长 促发展"大会》等充分展现了津南上下激昂饱满的精神状态、高效有序的工作状态和经济社会发展的显著成效，取得了良好的传播效果。

河北省临漳县融媒体中心第一季度开设了十几个专栏，发布了3000余条微信公众号内容，其中《临漳县关于开展预防性全员核酸检测的通告》阅读量1.2万；临漳县广播电视台抖音号共发布200余条短视频，其中《河北省变迁史》阅读量804.6万；《街采：河北省哪里出美女》阅读量216.2万。各新媒体平台和传统媒体创作的短视频、图文、海报等圆满完成了创城、两会等重大宣传任务。

四、全国县融中心互动传播典型事例

甘肃省平凉市崆峒区融媒体中心第一季度发稿量约 4600 条，各平台互动效果良好，微信公众号"崆峒发布"内容聚焦社会热点、疫情信息等，并在评论区与受众进行互动，如《新增 1 例新冠变异株！中疾控最新通报》。

浙江省湖州市吴兴区融媒体中心第一季度发稿量约 5400 条，各平台累计互动量约 65 万。在两会召开之际，其发布《9 位 "一把手"精彩亮相，快来打 Call！》等内容，采用通俗易懂的语言风格，极大提高了关于全国两会的宣传效果。这些文章获得了超过 5 万的阅读量，为全国两会的胜利召开营造了良好的舆论氛围。

上海市普陀区融媒体中心第一季度发布稿件超 4200 条，各平台作品总互动量 700 余万。微信公众号"上海普陀"发布《抓开局，起好步！普陀这里开启成片加梯→》，介绍了普陀区未来的发展布局和战略规划，展现普陀区不断发展的城市建设成果，阅读量近 6万。在全国两会召开之际，普陀区融媒体中心聚焦全国两会胜利召开，发布《代表委员有话说》系列报道内容，营造了喜迎全国两会的浓厚氛围。

上海市青浦区融媒体中心第一季度围绕"全国两会""当地美景""社会热点"等主题，推进融媒体内容建设，共产出6600余条作品，收获浏览量近300万。微信公众号"绿色青浦"聚焦于全国两会胜利召开进行宣传报道，关注青浦区全国人大代表，如《青浦这位全国人大代表赴京参会，坚持为基层发声!》《回家! 青浦这位全国人大代表圆满履职归来~》总阅读人数超3万。

　　云南省蒙自市融媒体中心第一季度总发稿量达3000余条，互动总量近20万。聚焦"全国两会""传统文化"等主题，持续弘扬正能量，壮大主流声音。为庆祝全国两会的胜利召开，微信公众号"今日蒙自"全方位、多角度、深层次地反映宣传了本次全国两会的新思想、新进展、新成就，持续壮大主流舆论。此外，《定蒙自了! 2023大型灯笼暨非遗传统大庙会，助力米线节，3月24日盛大开幕! 50万逛吃券免费送!!!》《一起去有风的地方~蒙自至大理直达动车来了!》等文娱报道，贴近百姓需求，广受用户好评。

　　新疆维吾尔自治区特克斯县融媒体中心第一季度发稿2000余篇，总互动量37万。微信公众号"特克斯零距离"发布《@招人啦! 11家企业　260个岗位任你选择~》，及时通知了与民众生活息息相关的招聘信息，充分发挥了县级融媒体中心的信息传播功能。抖音账号"中国八卦城"发布《# 春节 # 祝福语 # 人民有信仰国家有力量民族有希望 # 祝福我们伟大的祖国繁荣昌盛国泰民安 # 中国骄傲为祖国点赞 习近平向全国人民致以新春祝贺》，在迎接新春的时刻，坚持弘扬主流价值观，营造了和谐、欢乐的社会氛围。

浙江省永康市融媒体中心第一季度在抖音短视频平台上共产出内容超 1000 条，总互动量达 800 余万。主要涉及民生、文化等主题，通过挖掘全国各地的优质内容，吸引受众关注。如抖音账号"永康融媒"3 月发布的《千万级网红博主勇敢揭露修马桶的套路，提醒大家以后修马桶要避免陷入套路之中！# 万万没想到 # 热点新闻事件》等涉及全国各地热点事件的稿件，这些内容丰富的短视频具有很强的贴近性，受到广泛好评，取得良好的融合传播效果。

甘肃省岷县融媒体中心第一季度各平台互动量达 210 万，充分利用抖音、快手两大短视频平台，关注社会热点和生活趣事，引发较多互动。如抖音账号"当·归岷县"发布《网约车司机拉到嫌疑人，打电话报警，结果……# 网约车 # 尴尬时刻 # 万万没想到》《乍一看以为上课没有学生，没想到……# 万万没想到 # 神操作 # 校园时光 # 开心一刻》展现生活趣味，引发受众讨论。

吉林省公主岭市融媒体中心第一季度推出新闻作品近 1000 条。

围绕"当地发展"主题，其微信公众号"公主岭融媒"发布《【新春走基层】公主岭：机器转起来　产量提上来》《公主岭：向未来进发!》《【突出发展民营经济】吉林富锋汽车部件有限公司：开足马力提高企业发展加速度》等新闻作品，全面介绍了公主岭市当地的产业发展和建设，获得良好传播效果。

内蒙古自治区准格尔旗融媒体中心第一季度发稿总量超 1400 条，总浏览量超 130 万。其微信公众号发布的作品《南苑社区接棒!准格尔旗"共建实践金"项目全旗推广》《1618 个!准格尔旗疫情防控"暖心小分队"为民服务解民忧》等展现了当地政府为民服务的举措，以小见大地展现当地政府以人民为中心的服务精神。

五、全国县融中心央地联动典型事例

河南省永城市融媒体中心第一季度共有近 60 篇稿件被央媒采用。内容在聚焦永城市特色农林业发展的同时，也及时共享本地政务动态、城市建设等信息，致力于实现发展成果同人民群众共享。如《河南永城：防治园林植物病虫害有"密码"》《永城市市长曾凯主持召开政府系统春节前廉政谈话会》《河南永城荣获 2022 年度中国广电河南分公司 5G 放号十佳优秀县市》等。

海南省澄迈县融媒体中心第一季度共有 50 余篇稿件被央媒采用。内容聚焦本地旅游业发展，提升当地旅游景区知名度，如《庆新春：澄迈乡村游备受青睐》《春节假期 澄迈各旅游景区游人如织 人气火爆》介绍春节期间当地旅游盛况。此外，《澄迈农产品社区团购暨澄迈品牌农产品展销会活动举办》《澄迈加乐镇：党建共建+整村授信 激发乡村振兴新动能》等内容关注当地农业和乡村建设，展现乡村振兴新面貌。

山东省寿光市融媒体中心第一季度有 40 余篇内容被新华社等央媒采用，内容与产业发展、人民生活密切相关。如《【寿光】菜博会各展馆筹备如火如荼》《【寿光】化龙镇：为更多蔬菜种子装上"中国芯"》等稿件，集中展现"中国蔬菜之乡"的新型、特色农业成果；《寿光营里镇：康养中心托起老年人幸福生活》《寿光：服务"打包"送上门 为民办事"零距离"》等体现出地方媒体对民生的殷切关注。

海南省文昌市融媒体中心第一季度共有 50 余篇稿件被央媒采用。内容宣传当地风土人情和特色旅游活动，如《海南环岛旅游公路（文昌段）现雏形 沿途风景美如画》《文昌东郊椰林椰风海韵

吸引力足　市民游客热情不减》。此外，其依托当地航天特色，积极宣传相关发展与活动，如《春节假期文昌航天游迎来开门红　客流量持续增长》《海南：气象航天联动举办亲子活动受热捧》。

新疆维吾尔自治区库车市融媒体中心第一季度被中央媒体采用30余条稿件。内容重点围绕当地的特色旅游和群众生活，借助中央媒体平台充分宣传推介本地风土人情，展现新疆的美丽，取得了良好的传播效果，如《新疆库车市：余晖尽染春日胡杨林》《群鸟"共舞"新疆库车巴依孜湖》《新疆库车市：电力大数据保障村民"菜篮子"》等。

天津市南开区融媒体中心第一季度与央媒联系密切，共有近30篇稿件被央媒采用，内容涉及民风民俗、惠民服务、教育宣传等。如《民俗表演看个够：运河拾遗舞春龙》展现舞龙等传统民俗项目，扩大南开区"老城津韵"民俗文化品牌知名度；《天津市南开区妇联举行"三八"维权普法宣传活动》《天津南开区：民警走进幼儿园　寓教于乐讲安全》等充分彰显当地对于法律、安全等惠民知识普及的重视程度。

福建省福鼎市融媒体中心第一季度产出共有20篇稿件被央媒采用。内容重点展示福鼎白茶、太姥山等当地特色，如《首发！福鼎白茶最新歌曲〈白毫银针〉正式上线》《乡约福建：中国白茶始祖・太姥祭典传承和演绎白茶文化》。此外，该融媒体中心在新华社平台发布《吃在福鼎・百家姓》系列人文纪录片，聚焦当地特色美食，借助中央媒体渠道优势，进一步提升福鼎市的美誉度。

海南省东方市融媒体中心第一季度被中国经济网、人民网等央媒平台采用12篇稿件，内容主要是当地发展建设，如《冯忠华参加东方代表团审议时强调 为海南自贸港建设提供有力的人才和智力支撑》《东方推进"五化"公路建设打造自贸港美丽特色公路》《东方市锚定建设农业强市目标 大力推进农业农村现代化》，展现当地发展成果。

四川省绵竹市融媒体中心第一季度被人民网和新华社等央媒采用多篇稿件，内容密切关注当地群众的就业创业、当地工业的生产发展以及当地独具特色的旅游业，如《四川绵竹：新春送岗位，助力求职者高质量就业》《德阳绵竹：机械加工企业干劲拉满弦 全力冲刺"开门红"》《绵竹：以花为媒 以节会友 奏响春日致富"交响曲"》等文章，这些作品不仅展现了当地政府推出多项举措助力求职者实现高质量就业，而且反映了当地积极探索多元化创新模式，构建农文旅融合发展的新格局。

内蒙古自治区赤峰市红山区融媒体中心第一季度与新华社等央媒联动，如《千城百县看中国｜内蒙古赤峰：烟火气升腾　红山年味浓》《千城百县看中国｜赶大集　赏民俗　共庆中国年》等稿件，内容围绕当地风光、特色习俗等话题，充分展现当地特色，对促进当地旅游业发展有积极推动作用。

　　辽宁省铁岭市铁岭县融媒体中心第一季度被人民日报社、新华社、"学习强国"学习平台等中央媒体采用近195篇稿件，围绕重点选题开办特色栏目，主动做好重点工作新闻宣传报道、辽宁省突破振兴三年行动、优化营商环境在行动、创建文明城市在行动、2023年全国两会新闻报道以及学习雷锋宣传月等宣传报道活动。如《【新春大拜年】中共铁岭县委办公室》《【新春大拜年】铁岭县人民政府办公室》等，充分展示全县人民积极向上的精神风貌。

　　宁夏回族自治区银川市贺兰县融媒体中心第一季度充分利用媒体优势，宣传民族团结进步的贺兰声音。围绕民族团结、新春走基层、我的乡村我的家、政协委员说等话题，在新华社和"学习强国"学习平台等中央媒体平台发布多条稿件，如《民族团结｜如意湖社区："魅力"扎染进社区　同心共绘团结情》《【石榴云】炕头宣讲会｜听！他们奏响民族团结"心"乐章》等。

六、全国县融中心新媒体平台佳作

全国县融中心央媒平台佳作展示
2023年第一季度

地区	日期	采用媒体	标题/内容
福建省厦门市海沧区	1月5日	人民网	微故事｜她用镜头记录海沧变迁
甘肃省岷县	1月10日	新华网	新春走基层｜冰天雪地"冬"游热 ——甘肃文旅复苏一线见闻
广东省广州市番禺区	2月4日	新华社	千城年俗｜沙湾古镇年味浓
天津市静海区	2月10日	新华社	天津:田间技术指导助力春耕备耕
吉林省公主岭市	2月11日	央广网	吉林公主岭:农事催人忙　不负好春光
河南省永城市	3月15日	中国搜索	河南永城: 防治园林植物病虫害有"密码"
四川省绵竹市	3月23日	人民网	绵竹孝德镇: 探索多元创新模式　构建农文旅融合发展新格局
新疆维吾尔自治区特克斯县	3月25日	中国新闻网	新疆特克斯县: 春雪遇雾凇　水墨丹青入画来
山东省诸城市	3月30日	新华社	瞰中国｜正是花开烂漫时　满城春色惹人醉
福建省福鼎市	3月30日	中国新闻网	首届中国白茶交易大会 在"中国白茶之乡"福建福鼎举办

出品:新华社新闻信息中心、新华社县级融媒体研究中心

全国县融中心微信平台佳作展示
2023年第一季度

地区	日期	标题/内容
北京市朝阳区	3月1日	朝阳是什么?
福建省厦门市海沧区	2月27日	《风起蓝湾》: 生命方舟湾区起航,加速驶向科技蓝海
广东省广州市黄埔区	2月28日	黄埔到白云机场仅3站,到广州东站仅4站! 这条城际列车预计今年投运!
海南省三亚市	3月29日	海南已全面启动全岛封关运作准备
福建省厦门市海沧区	1月1日	叮咚~新年新气象,"小海"表情包上线!
上海市浦东新区	3月26日	东方枢纽上海东站: 打造连接长三角与全球的世界级交通枢纽
湖北省枝江市	2月17日	八位书记谈发展!快来为自己的家乡主官打Call!
江苏省昆山市	3月1日	搭上"开往春天的地铁", 昆山驶向一体化发展的新境界!
湖南省浏阳市	2月28日	刚刚,浏阳"融城专线"公交发车!
浙江省海宁市	2月7日	5.88秒! 海宁美少女打破尘封4年的亚洲纪录!太牛啦!

出品:新华社新闻信息中心、新华社县级融媒体研究中心

全国县融中心抖音平台佳作展示
2023年第一季度

地区	日期	标题/内容
浙江省杭州市余杭区	3月23日	俩女子在高速上开车闻到了汽油味，开门双双跳车。 #惊险一幕 #交通安全 #危险瞬间
甘肃省秦安县	2月26日	#不赞网红不赞星　只赞人民子弟兵
河南省项城市	1月9日	这是爱情的模样!! #摄影师无意间见证浪漫，一对情侣在摩天轮里拥抱， 夕阳在身后流转。#情感 #社会百态 #内容过于真实
安徽省来安县	1月13日	"背菜女孩"家人:1年赚二三十万，不穷 #来安印象 #热点新闻事件 #社会百态
上海市浦东新区	1月10日	满满干货!重症患者小分子药物和激素适当用起来， 对长新冠要中医和康复一起上， 高危人群没阳的可查一下抗体可能是无症状……
北京市顺义区	1月30日	外卖小哥救人耽误送餐，老板接到投诉， 小哥百口莫辩之时，民警一把接过电话帮忙解释
江西省瑞金市	1月7日	#懂事的孩子 #歌曲早安隆回#早安隆回女版 11岁小男孩和6岁妹妹凌晨三点随父母赶集出摊， 一起帮父母做炉包#老百姓的平凡生活 #农村赶集
湖南省浏阳市	1月1日	除夕夜的烟花爆竹燃放盛况! 你希望今年过年你的城市能放烟花吗?
山东省潍坊市潍城区	3月4日	中国留学生毕业典礼空翻惊艳出场。 能文能武的中国姑娘又美又飒
浙江省海宁市	1月9日	网友无意间拍到了一位路人 "像极了书本上的鲁迅先生" #路人神似鲁迅先生 #路人视角

出品：新华社新闻信息中心、新华社县级融媒体研究中心

全国县融中心快手平台佳作展示
2023年第一季度

地区	日期	标题/内容
北京市顺义区	3月23日	8岁姐姐一直跟弟弟说爱你，2个月弟弟脱口而出"爱你" #人类幼崽到底有多可爱
河南省项城市	1月7日	#歌曲满目星河 #60岁民工大哥看到路边摆着钢琴"手痒"，征得同意后现场为大家演奏，惊艳众人!!#感动
江西省南丰县	1月2日	男子有幸见证高速通车典礼，成为第一辆上高速的车
陕西省洛川县	1月14日	#西湖 #龙#壮观
甘肃省城关区	2月19日	7岁社牛男孩在街头跳舞，毫不怯场 火力全开 #跳舞#火力全开
北京市大兴区	2月17日	2月16日，由俄罗斯航空公司执飞的由莫斯科飞往北京的航班顺利降落北京大兴国际机场
甘肃省秦安县	1月19日	高原女兵七年没回家过年了，致敬最可爱的人
山东省临沂市河东区	3月9日	14岁男生考入西安交大少年班，中考和高考免考 直通硕士 初中学校奖励10万元
甘肃省兰州市西固区	2月28日	老板体谅司机不易
北京市西城区	3月18日	玉兰香满城，西城春意浓。来西城打卡玉兰和古建的绝美同框

出品：新华社新闻信息中心、新华社县级融媒体研究中心

全国县融中心新媒体平台佳作展示

（2023 年第一季度）

新华社新闻信息中心　新华社县级融媒体研究中心出品

选题策划：刘志宏

责任编辑：刘志宏

装帧设计：汪　阳

责任校对：张红霞

图书在版编目（CIP）数据

全国县级融媒体中心传播力影响力调研报告 . 第一辑／新华社新闻
　信息中心 编著 . — 北京：人民出版社，2024.1

ISBN 978 - 7 - 01 - 026110 - 2

I.①全… Ⅱ.①新… Ⅲ.①县 - 传播媒介 - 文化传播 - 研究报告 - 中国

　Ⅳ.① G206.2

中国国家版本馆 CIP 数据核字（2023）第 220055 号

全国县级融媒体中心传播力影响力调研报告（第一辑）

QUANGUO XIANJI RONGMEITI ZHONGXIN CHUANBOLI YINGXIANGLI

DIAOYAN BAOGAO (DIYIJI)

新华社新闻信息中心　编著

人 民 出 版 社 出版发行

（100706　北京市东城区隆福寺街 99 号）

北京盛通印刷股份有限公司印刷　新华书店经销

2024 年 1 月第 1 版　2024 年 1 月北京第 1 次印刷

开本：710 毫米 ×1000 毫米 1/16　印张：11.75

字数：105 千字

ISBN 978 - 7 - 01 - 026110 - 2　定价：68.00 元

邮购地址 100706　北京市东城区隆福寺街 99 号

人民东方图书销售中心　电话（010）65250042　65289539